La sexualité des femmes n'est pas celle des magazines

Catherine Blanc

La sexualité des femmes n'est pas celle des magazines

Avec la collaboration de Sophie Troubac

Éditions de La Martinière

Connectez-vous sur : www.lamartiniere.fr

Les prénoms ont été changés pour des raisons de protection de la vie privée des personnes.

Sommaire

Aux femmes qui chaque jour cheminent
un peu plus près d'elles-mêmes.
Aux hommes qui aiment les regarder se faire belles.
À mes parents qui m'ont faite fille, quelle jolie aventure !
À mes sœurs, qui l'ont partagée.
Et à toi, mon tendre amour, qui tous les jours me reconnais femme, participe à l'éveil de mes sens et me donne le goût délicieux du sexe au logis.

Avant-propos

Écrire sur le désir, le plaisir et la jouissance des femmes n'est pas une mince affaire. Pensivement, je contemple le blanc de ma page immaculée, virginale... Vierge ? Je sursaute. De quel néant ce terme a-t-il surgi ? Vide ou bien chaos, creux ou trop plein, manque ou profusion, absence ou abondance ? Au cœur d'un paradoxe – mais ne s'agit-il pas plutôt d'un malentendu – voilà qu'à sa suite, d'autres mots surgissent, se bousculent et s'alignent. Vierge, en tout cas, ma page ne l'est plus. L'a-t-elle seulement été ?

Avant même la première ligne, buter sur ce mot-là, pour la femme et la sexothérapeute que je suis, c'est tout de même un comble ! Parler de sexualité féminine ne pourrait donc se faire qu'à partir du blanc de la virginité ? Mais de *quelle* innocence parle-t-on ? La virginité – sauf à parler *stricto sensu* de pucelage – n'existe pas. La pureté ou l'impureté sexuelle, en particulier celles des femmes, leur blancheur ou leur noirceur, leur innocence ou leur culpabilité ne sont que des concepts stériles hérités d'un autre âge. Pourquoi parer leur sexualité, avant même son avènement, d'une auréole pure et lumineuse sinon pour masquer un tabou bien plus fort, celui de leurs désirs ? Car la sexualité, naturellement, ne commence pas, ne se limite pas à l'acte de pénétration, pas plus qu'elle ne se résume à son aboutissement supposé : la jouissance.

Amusée, je réalise que le terme de virginité, déboulé dans ce contexte avec un si bel abandon et tant d'impudeur, n'a rien de l'innocence qu'habituellement on lui prête. Tant mieux. En matière de sexualité, les idées fausses, ou convenues, sont si tenaces, les discours si bien établis, les appréhensions parfois si fortes, et ce malgré une liberté affichée, clamée haut et fort, que de telles provocations sont les bienvenues. Elles offrent le mérite d'un bon dépoussiérage. Alors, non sans malice, je ne résiste pas au plaisir de mettre ce livre sous le signe de la tentation, si joliment offerte, et m'empresse de rassurer la lectrice, ou le lecteur, qui d'aventure nourrirait encore des doutes à ce sujet : la sexualité, si elle est transgression, n'est certainement pas une faute, encore moins – qu'on me pardonne – un péché ! Épanouie, elle est source d'un ineffable bonheur dont de nombreuses civilisations ont longtemps gardé la trace et avec lequel, peu ou prou, bon an mal an, nous cherchons tous, un jour ou l'autre, à renouer.

Au commencement donc n'est pas le blanc, celui de la page ou celui du sexe impénétré des femmes, mais le désir...

Je dédie ce livre à toutes celles qui ne pousseront jamais la porte d'aucun cabinet de consultation. Pour leur rendre la légitimité de leurs difficultés et le droit à leur questionnement. À celles-là, et elles sont nombreuses, je veux dire qu'entre ombre et lumière, ignorance et connaissance, absence de désir et désir éprouvé, « frigidité » et jouissance, les chemins sont nombreux. Et le désir de s'y aventurer éminemment respectable.

Introduction

Hier opaque et impénétrable, mystérieuse, voire menaçante, la sexualité féminine reste, aujourd'hui encore, une aventure complexe. Certes, ma pratique m'expose plus aux difficultés qu'aux joies éprouvées. Je ne peux cependant m'empêcher de constater le décalage qui existe entre le discours ambiant et la parole intime. Entre les affirmations triomphales de l'un et les tâtonnements de l'autre. Entre la jouissance revendiquée comme un droit pour tous et les difficultés pour chacun de répondre à une telle revendication.

Paradoxalement, si la libération sexuelle des années 1970 a, dans les médias et le langage courant, pris les contours d'une plus grande franchise, elle n'a pas été comme garante de l'équitable accession à la jouissance promise pour tous. Parfois même les injonctions dont elle se fait le vecteur, loin des femmes, de leur ressenti, de leurs expériences, de leurs attentes, ont conduit à troubler davantage les esprits. La jouissance se clame et se réclame aujourd'hui comme un droit. Or ce droit, que recouvre-t-il ? Comment l'exercer ?

Jouir, qu'est-ce que c'est ? Est-ce seulement possible ? Les mots *sexe, sexualité* s'affichent partout mais, pour beaucoup, le mystère reste entier.

Depuis la généralisation de la pilule contraceptive, il semble que les difficultés, plutôt que dépassées, se soient déplacées. La femme, quand elle parle sexe, ne raconte plus ses conflits entre désirs et interdits, sa difficulté dans sa relation à l'homme ou ses craintes de grossesse. Libérée, émancipée, elle peut faire l'amour. Elle y est autorisée. Elle y est même attendue. Il lui fallait être jolie puis sexy, il lui faut aujourd'hui être sexuelle. Il lui faut vivre les plaisirs de la chair, connaître la volupté, atteindre la jouissance et éprouver l'orgasme. Les magazines, les publicités, les romans, les films – pornographiques ou non – et jusqu'au langage argotique courant qui ponctue çà et là quelques phrases lui proposent un catalogue de positions, d'attitudes, de fantasmes. On l'invite inévitablement à avoir envie de faire l'amour avec son mari ou son compagnon plusieurs fois par semaine, et toujours avec joie, à s'offrir de temps en temps une incartade extraconjugale sans gravité et, dans tous les cas, à atteindre l'orgasme, simultané si possible. Le verbe « atteindre » en dit long sur l'Everest dont on lui rebat les oreilles sans se méfier des effets de l'altitude ! Il n'y a qu'à voir le premier film venu, américain ou non, pour découvrir d'entrée de jeu, dès la toute première scène d'amour, une femme qui soupire, se cambre et exulte facilement. C'est ce qu'en raccourci j'ai voulu désigner ici par « sexualité de magazines ». Mais qu'aucune revue ne se sente particulièrement visée, car nous sommes tous concernés par ces images toutes faites, nous les cautionnons tous par nos attitudes courantes, voire nous en redemandons. Les femmes dites « modernes » y font donc leur marché et, tant bien que mal, tentent de trouver un accommodement entre ce qu'elles veulent être, ce qu'elles doivent être et ce qu'elles sont.

Mais qui est-elle, justement, cette femme d'aujourd'hui ? Que sait-elle des capacités de son sexe ? A-t-elle d'ailleurs un sexe ? A-t-il seulement été nommé ? Comment fonctionne-t-il ? Pourquoi ne fonctionne-t-il pas ? Que raconte-t-il ? Que raconte-t-elle à travers lui ?

« Oh, là, là ! ça tourne », me dit Marthe, « attention, danger », m'alerte Charlotte, « j'ai peur que ça me transforme », me confie Soraya, « je ne vois pas très bien comment ça va pouvoir changer », m'annonce Isabelle. Chantal me demande : « 62 ans, ce n'est pas trop tard ? » Marie-Claire, quant à elle, fronce les sourcils. Martine s'empourpre joliment, Louise se trémousse dans son fauteuil, Lucie déglutit avec peine, tandis que Corinne baisse les yeux et change de sujet...

Elles sont là, dans mon cabinet, et, les unes succédant aux autres, essaient de me parler de ce sexe énigmatique, impénétrable, anesthésié, paralysé, insensible, douloureux, trop grand, trop vide, trop petit, encombré, de ce sexe muet, de ce sexe disant fort des maux parfois violents. Avec leurs mots, leurs gestes, elles m'évoquent cette part d'elles-mêmes dont elles ignorent tant de choses tout en les devinant pourtant. Ainsi, séance après séance, un sexe de femme se met à parler... L'histoire qu'il me raconte, j'ai voulu la raconter et la transmettre à mon tour. Parce que c'est la mienne, parce que je suis une femme, parce que trop souvent, en tant que telle, entre les affirmations aveuglantes des médias et une expérience à tâtons, entre les discours médicaux – mécaniques – et les discours des magazines – normatifs – je me sens prise au piège de formules, d'images, de fantasmes qui ne sont pas les miens. Ou pis encore, qui m'en détournent.

L'histoire d'une femme en quête d'épanouissement sexuel est une histoire mystérieuse et touchante. Si dans ses gènes sont déjà inscrits ses traits, ses courbes, ses creux et ses pleins, c'est vers l'âge de 2 ans et demi que la petite fille s'éveille à la curiosité et au plaisir de sa zone sexuelle. Il faut attendre de longues années pour que cette zone devienne le lieu de son sexe, plus encore pour qu'elle l'autorise, peut-être, à être le temple de son plaisir. Dans l'intervalle, ce lieu concentre toutes les interrogations, un va-et-vient – déjà – entre son intérieur et son extérieur, entre elle et le monde. Sur ce développement psychoaffectif et sexuel décrit par la psychanalyse s'inscrit alors l'histoire de chacune et la compréhension, toute personnelle, qu'elle en aura. Une histoire profondément intime qui ne s'écrit pas à partir de rien, qu'il s'agisse du blanc ou de l'innocence de la virginité, mais à partir de ce que nous sommes et portons en nous. Une histoire faite de légendes, d'apprentissage, de patrimoine, de victoires et de défenses. À l'encre sympathique, encre première, invisible et originelle, encre des secrets, des pudeurs, elle se révèle. À l'encre rouge, rouge sang, sang des règles, sang de la vie, elle se poursuit. À l'encre sombre, noire quelquefois, encre de la peur, peur de la mort, peur du désir, elle se construit. Et puis un jour, au détour de curiosités, de désirs, d'inquiétudes, et de violences parfois, elle se raconte.

Chantal, Sibylle, Emma, Ève, Charlotte, Lucie, Aurélie, Jeanne. Huit portraits de femmes, des femmes comme les autres, qui composent le tableau des soucis, petits ou grands, auxquels nous sommes, à un moment de notre vie, toutes plus ou moins confrontées. J'ai mêlé ma voix à la leur, suivi leur quête, exploré ce territoire inconnu, méconnu, observant combien la route qui mène à l'autorisation d'être femme (droit qu'elles ont obtenu) et qui passe par celui d'être, parfois, des femelles, reste escarpée, semée d'embûches. Éducation, tyrannie sociale et accidents de parcours forment la base d'une compréhension, à chaque fois personnelle, du devoir, des interdits sexuels et des possibles. Le désir de s'y aventurer est éminemment respectable. Les femmes qui s'interrogent ne sont, en effet, ni malades ni victimes d'une quelconque « misère sexuelle ». La sexualité est une affaire complexe, tortueuse, je le répète et le revendique, alors quoi de plus normal que de s'interroger, de ne penser qu'à ça quand la difficulté est au rendez-vous et de chercher à comprendre ? J'ai fait ici le choix de ne parler que des femmes, mais les hommes tout autant peuvent s'interroger et parler de leur sexualité. Le dire et l'écoute du sexuel ne relèvent d'aucune perversion. Une thérapeute, moi comme d'autres, peut entendre et accompagner la connaissance, et la reconnaissance, de soi. Car la sexualité n'est pas qu'une excitante gymnastique. Elle est surtout le point de rencontre d'émotions le plus souvent tues ou inconscientes qui s'emmêlent, raidissent ou interdisent les corps, bloquant l'accès à un épanouissement légitime. J'ouvre ici une parenthèse pour préciser que cet ouvrage n'aborde que des situations hétérosexuelles. Non que je nourrisse une quelconque défiance ou du mépris envers ceux et celles qui vivent une *homo-sexualité*. Mais au contraire parce que les problématiques de désir, de plaisir et de jouissance qui se posent à ces couples ne sont pas différentes de celles des couples hétérosexuels. Que l'autre soit du même sexe que soi ou de sexe opposé, l'important, avant l'objet de son désir, est la reconnaissance, la compréhension et l'acceptation de ce désir lui-même.

S'interroger sur sa sexualité, c'est s'offrir la liberté d'être sereine et libre dans l'expression de ses pulsions. C'est investir ce corps de femme et son identité. Quoi qu'on en fasse par la suite, la sexualité ne doit jamais devenir une prison. Elle s'appréhende, s'apprend d'abord au creux de soi. Elle se construit lentement dans l'exploration, l'écoute et la reconnaissance que l'on s'accorde. Ensuite alors peut-on partir à la recherche de l'autre et de son propre plaisir. Or les femmes, si elles s'autorisent le désir, se cherchent trop souvent dans la violence et les batailles empruntées au modèle masculin. Elles investissent un extérieur, un bout de territoire pour se construire alors qu'un monde en elle est ignoré, délaissé, désinvesti et parfois même abîmé. Le risque alors est grand d'enfermer la sexualité dans la vulgarité, la violence, l'indifférence, l'ennui, quand elle est créativité, douceur et puissance. C'est celui de faire fausse route. C'est le risque de se perdre.

Les expériences que l'on m'a racontées et celles que je rapporte ne dessinent finalement rien d'autre que l'histoire, profondément humaine, du désir. Désir de jouissance, bien sûr, mais aussi d'épanouissement. C'est de ce désir, en question et en marche, actif, à l'image des femmes, de ce cheminement patient et long que j'ai voulu parler. Car la sexualité n'est pas un but en soi mais un voyage initiatique, et le territoire qui s'étend devant les femmes et en elles n'est pas ce *continent noir* à l'entrée duquel, en le nommant ainsi, Freud

– effrayé ? – a posé l'interdit. C'est un espace vierge peut-être, c'est-à-dire impénétré, et non pas vide mais vaste, autorisé, excitant, qu'il importe à chacune, pour elle-même, d'explorer. À ce voyage, plein de lumière, je les convie.

La sexualité des femmes...

Au commencement est le désir

Qu'est-ce que la sexualité ? « L'ensemble, dit *Le Petit Robert*, des comportements relatifs à l'instinct sexuel et à sa satisfaction. » La sexualité, si l'on s'en tient à cette docte définition, est donc une affaire d'instinct. C'est certain, du point de vue biologique, l'homme est un animal comme les autres, soumis aux lois de la nature, et l'instinct sexuel n'a d'autre but que de le pousser à assurer la survie de son espèce. Avec quelle aisance, cependant, ce remarquable ouvrage ne nous plonge-t-il pas dans la plus délicieuse des contradictions ! L'instinct ? Alors que nous passons notre existence à maîtriser nos pulsions pour répondre aux exigences de la vie organisée en société, il nous faudrait admettre, écouter et suivre celui-là ? Oui. Et c'est bien là tout le piquant de la chose !

Parce que la sexualité est une pulsion, parce que le règne de l'humanité s'est établi à partir de la domination de l'homme sur la nature et sur ses instincts, parce que la civilisation occidentale, la nôtre, a poussé cet exercice à son plus haut niveau de compétence, la sexualité est longtemps restée, sous nos latitudes, un domaine tabou, sombre, fâcheux. L'*Homo erectus*, doté, il faut bien le dire, d'une affligeante débilité physique, n'aurait jamais survécu s'il n'avait su dompter son environnement. Disons que, de cette lutte, il a gardé une méfiance tenace envers la nature et envers tout ce qui, de près ou de loin, risquait de le faire replonger dans une dépendance de laquelle il avait eu tant de mal à s'extraire. Son ingéniosité lui a permis de s'émanciper et de franchir les âges. Une ingéniosité qu'il n'a cessé de perfectionner. Une ingéniosité tout entière vouée à maîtriser une nature ressentie, à juste titre, comme une menace. L'imprévisible devait être prévu, l'inexplicable expliqué, le mystère démystifié, l'obscurité éclairée, la nature domestiquée. Tel est le sens de l'évolution humaine. Tandis qu'entre soumission et domination, certaines civilisations trouvaient un équilibre, la nôtre, qualifiant d'ailleurs au passage tout ce qui n'était pas elle de primitif ou d'archaïque (avec le mépris que l'on sait), développait un amour sans limites pour tout ce qui pouvait la protéger d'une telle rechute. Aidée de la religion puis de la science, les deux armes du progrès, elle a fait de la victoire de l'homme sur la bête, de la culture sur la nature, de l'esprit sur le corps, de la raison sur l'instinct, son credo. La civilisation occidentale, hantée par la peur de retomber dans le chaos, s'est si bien hissée au-dessus de la nature qu'elle a fini par la dominer tout à fait. Ou par le croire.

La sexualité a bien entendu fait les frais de cette évolution. Irréductiblement instinctive, affreusement sauvage, délicieusement physique, elle s'est trouvée, sous l'influence notoire de la religion, cataloguée au rang des faiblesses, fautes, complaisances ou péchés, indignes de l'homme pieux ou civilisé, ce qui a placé du même coup ce dernier dans une situation difficilement tenable. Ne pouvant s'y soustraire mais coupable de s'y abandonner, l'homme occidental a, selon les époques, avec plus ou moins d'hypocrisie, d'adresse, de bonheur, composé avec sa sexualité. Puisque cet instinct ne pouvait être éradiqué, puisque contrairement à d'autres civilisations il n'était pas question de l'assimiler, encore moins d'en faire une vertu, ne restait, autant que faire se peut, qu'à le soumettre. Exactement comme un fauve en cage. De ce point de vue, l'institution du mariage, bénie par l'Église et la République, est longtemps restée le seul cadre admissible, autorisé, légitime de la copulation. Et le plus hypocrite puisqu'un voile pudique était posé sur ce qui, en son nom, pouvait bien se passer ou pas dans l'obscurité de la chambre conjugale. Pour en revenir à notre définition de « l'ensemble des comportements liés à la satisfaction de cet instinct », de ce dernier il n'était pas question. Qu'on l'eût enfermé était un soulagement suffisant. Jusqu'à Freud qui, avec la perspicacité que l'on sait, a rappelé que le « fauve » était bel et bien là, sauvage bien qu'enfermé, capable, à tout moment, pour peu que sa nature se réveillât, les barreaux se desserrassent ou le dompteur relâchât sa vigilance, de nous sauter à la gorge. Si le fondateur de la psychanalyse nous donnait cependant les moyens de comprendre les mécanismes du refoulement que l'Occident s'était attaché à construire pour éviter le face-à-face avec cette part obscure de lui-même, il ne nous apprenait pas comment non pas dompter, mais apprivoiser la « bête ». Les pulsions étaient nommées, et la pulsion sexuelle placée au premier rang de celles qui nous gouvernent. Mais sur la façon d'en jouir, le mystère restait entier. Telle n'était pas encore la question. Jusqu'aux pavés de 1968[1].

Ma lecture de Mai 68

On ne dira jamais assez combien cette révolution en est une, et combien elle a été *sexuelle*. Que la sexologie, en France, ait vu le jour dans sa foulée n'est d'ailleurs pas un hasard. De mon point de vue de thérapeute, il me semble que la sexualité individuelle et les problématiques qui lui sont aujourd'hui associées ne peuvent entièrement se comprendre sans une lecture symbolique du mouvement collectif dont elles sont, pour partie, issues. Je constate en effet que c'est en partie à l'héritage de Mai 68 que les femmes et jeunes femmes qui composent ma clientèle se trouvent confrontées. Or cet héritage restera, au niveau de ses incidences individuelles et collectives, impossible tant que ses aspects symboliques ne seront pas explorés. En dehors de ses tenants et aboutissants politiques sur lesquels je ne me hasarderai pas, une lecture résolument sexuelle des « événements » me paraît des plus indiquées. C'est donc sous cet angle que je m'en vais, non sans malice, tenter d'expliciter le formidable *orgasme* (du grec *orgân*, « bouillonnement d'ardeur ») qui s'est emparé de la société française au cours de ce mémorable printemps.

1. Un si grand écart ne fait pas très sérieux ! L'humanité, bien évidemment, n'a pas commencé à s'interroger sur sa sexualité à partir de ce qui s'est passé en France en 1968. De l'*Homo erectus* à Freud et de Freud à Mai 68, il y aurait beaucoup à dire. N'étant pas historienne, je profite de cette liberté pour ne retenir de l'histoire que ses grandes lignes afin de poser quelques bases. Si je retiens cette date, c'est parce que les bébés d'alors sont ma clientèle d'aujourd'hui. Adultes, les voilà confrontés à l'héritage.

Mai 1968

Une des premières, sinon *la* première des revendications du mouvement étudiant, né le 22 mars à Nanterre, était la mixité des résidences universitaires et ce, pour y apprendre autre chose que le tricot. « Jouir sans entrave », quel magnifique slogan ! L'instinct sexuel, longtemps brimé, se clamait tout à coup haut et fort, au grand dam de la bourgeoisie. Le mouvement de Mai, avant d'être une révolution, commence par une révolte. Celle du désir contre l'interdit, de la jeunesse contre l'autorité, autrement dit de l'adolescence contre la loi parentale. Les événements de Mai apparaissent donc comme l'expression d'une violente crise d'adolescence, et j'emploie cette formule sans la moindre intention de minimiser le phénomène ou ses conséquences, bien au contraire. Une lecture d'autant plus intéressante qu'il semble bien que sa « résolution » se soit soldée par un malentendu.

L'adolescence est une période cruciale au cours de laquelle l'individu s'éveille à la sexualité *active*. Parce qu'il ressent son désir comme une pulsion « animale », puissante et envahissante, en ce sens potentiellement agressive, dangereuse donc potentiellement coupable, parce qu'il n'en perçoit pas encore les limites et qu'il craint, s'il les franchit, de s'y perdre, parce qu'il a tout de même et bigrement envie de les franchir et que la promesse du plaisir n'y est pas étrangère, l'adolescent se trouve en proie à une crise interne dans laquelle s'affrontent le désir et la peur. Désir d'indépendance d'une part, parce que son désir sexuel, indépendant et vigoureux, le pousse à l'essor ; désir de dépendance d'autre part, parce que face à l'appel insistant qui le travaille, l'attachement parental, encore nécessaire et familier, le rassure. C'est le moment des volte-face les plus surprenantes où l'adolescent, prisonnier de ces contradictions, passe des manifestations de rejet les plus violentes – « lâche-moi ! » – aux expressions de l'attachement le plus tranquille – « Quand est-ce qu'on mange ? ». (La majorité des étudiants de Mai qui, après les barricades, rentraient benoîtement chez eux pour y être nourris, logés, voire soignés de leurs blessures, ne faisaient finalement rien d'autre que suivre ce développement.) À ces désirs déjà contradictoires répondent deux peurs tout aussi contradictoires : peur de cet inconnu qui irrésistiblement l'attire ; peur du familier où il redoute de se voir enfermer. Parce qu'il veut vivre-jouir mais parce qu'il en a peur, parce qu'il perçoit la puissance de son désir potentiellement capable de l'attacher à l'un ou l'autre de ses parents, parce qu'il lui faut pour cela s'en détacher alors qu'il les aime et qu'ils lui sont encore indispensables, l'adolescent perçoit ce chaos – pourtant fertile puisque c'est de lui que sortira l'adulte qu'il est appelé à devenir – avant tout comme dangereux. Le rôle de l'autorité parentale est d'apaiser les angoisses que ces contradictions génèrent mais aussi, par le jeu des interdits clairement posés, de permettre à l'adolescent sexuellement mature d'ouvrir la sphère de son désir hors du cercle familial pour rompre avec le fantasme incestueux de l'enfance (qu'on l'y enferme ou qu'on le laisse s'y enfermer), faute de quoi il ne parviendra jamais à se construire. Refuser de mettre, symboliquement, son enfant à la porte, c'est courir le risque de voir ses désirs sexuels s'attacher, puisqu'on ne leur permet pas d'autre objet, à l'un ou l'autre des parents. Refuser de lui poser des interdits, c'est ne donner aucune limite – ou des limites trop floues – à son instinct sexuel. À l'inverse, des interdits trop rigides ne feront que renforcer la menace fantasmatique de l'inceste autour de laquelle se joue l'adolescence. C'est donc prendre le risque que l'adolescent s'y laisse piéger, emporter, et de le voir s'y perdre. Car, à cet âge, il est plein de désirs dont il ne sait que faire. La résolution pacifique de cette crise dépend de la capacité de l'enfant à se positionner par rapport à elle, mais aussi de l'attitude des parents. Car l'éveil de la sexualité active de leur enfant peut ranimer chez eux leur propre peur relative à cette menace non résolue et les conduire soit à une trop grande permissivité, soit à une trop grande rigidité. Castrateurs ou inexistants, les interdits auront pour résultat d'inspirer à l'adolescent une crainte à la mesure du tabou et la croyance que son désir est incestueux alors qu'il ne l'est pas. Entre le besoin, bien légitime, de se soustraire à la menace incestueuse (symbolique, j'insiste) et le désir, bien rassurant, de s'y soumettre, parents et adolescents s'affronteront d'autant plus violemment que la sexualité active sera encombrée de la *représentation menaçante* qu'ils s'en font.

Or, que s'est-il passé en Mai 1968 ? À la demande parfaitement légitime des étudiants-adolescents de voir leurs parents reconnaître l'éveil de leur sexualité active, l'autorité sociale-parentale a opposé un interdit traditionnel mais parfaitement inopérant. Non seulement les mœurs, modernité et psychanalyse aidant, avaient évolué, mais la demande elle-même, très nouvelle et déroutante dans sa formulation, ne pouvait qu'effrayer la « bourgeoisie parentale », la classe sociale la plus attachée à la pérennité des valeurs fondatrices de la civilisation, en ce sens la plus conservatrice, donc la plus « antisexuelle » et par conséquent la plus prompte à vouloir étouffer de telles manifestations[1]. Sa réponse devait-elle pour autant être aussi agressive ? La répression fut d'une violence rare, parfois même plus sauvage que les revendications qu'elle s'attachait à faire taire. Faut-il rappeler l'acharnement des forces de l'ordre poursuivant les manifestants jusque dans les cafés, les immeubles et les appartements du boulevard Saint-Michel, à Paris, tabassant avec la plus grande application et sans la moindre distinction étudiants, habitants, passants, simples consommateurs, jeunes ou vieux, hommes ou femmes, qui se trouvaient sur leur passage ? La violence n'est jamais à l'honneur de la société qui l'ordonne. Était-elle justifiée ? Le mouvement était-il en gestation d'un véritable – et durable – bouleversement social ? Autant de questions sur lesquelles, étant donné le déroulement des faits, on gloserait en vain. En l'occurrence, on ne peut s'empêcher de penser que la répression policière, bras armé de la bourgeoisie, fut à la (dé)mesure de sa terreur. Elle était donc bien grande. Mais quelle était sa *nature*, sinon la peur – aveugle car inconsciente – de l'inceste[2] ?

Mise en échec dans son devoir de reconnaissance, bloquée par ce qu'elle ressentait comme un péril, l'autorité sociale-parentale s'est durcie. Un durcissement auquel a répondu celui des revendications. Or, à mesure que les positions se radicalisaient, le désir sexuel – incoercible et

1. Je souligne comme un élément important que ces parents étaient, eux, adolescents pendant les années 1940. Soumis aux privations de toutes sortes, à l'étranger envahisseur, agressif et menaçant, ils ont vécu l'éveil de leur sexualité sur fond d'angoisses et de mort. Comment pouvaient-ils comprendre la pulsion de vie si librement exprimée par leurs enfants ? « Tout le monde il est beau, tout le monde il est gentil », dit la chanson. Mais eux avaient fait l'expérience, traumatisante, du contraire.

2. L'inceste n'étant entendu que comme la plus ultime des menaces fantasmatiques que ferait peser sur l'ordre social un instinct « débridé ».

légitime – se faisait, lui, de plus en plus actif (élargissement du mouvement) et de plus en plus agressif (début des manifestations), activant chez les uns *et* les autres la charge menaçante. La légitimité de leur instinct sexuel non reconnue, son activité interdite hors de la sphère familiale et taboue à l'intérieur, face à la menace insupportable que le déni social-parental dressait devant eux tous, quel choix restait-il aux étudiants-adolescents légitimement désireux de s'en libérer, comme à leurs parents pris dans le même engrenage ? Parvenue à son apogée, la résolution de la crise ne pouvait se faire que dans l'affrontement. Dans le théâtre de la capitale à feu et à sang, à la violence du désir sexuel adolescent, effaré de l'issue où le poussait inexorablement le déni parental, a répondu la violence tout aussi sexuelle de la répression, elle-même effarée par la provocation qui lui était faite. L'autorité parentale, incapable de faire face à la menace qu'elle avait elle-même générée puisqu'elle avait été incapable d'extérioriser, donc de socialiser, le désir exprimé par ses enfants, les obligeait à jouer – et jouait avec eux – sur la scène symbolique l'impossible réalisation du désir incestueux. Dans la violence la plus totale, la crainte fantasmatique de l'inceste n'était donc pas résolue mais écrasée.

Jouissance, j'écris ton nom

La menace ainsi écrasée, la charge libératrice qui en a découlé fut aussi puissante que la peur qu'elle avait inspirée. La liberté, balayant tout sur son passage, n'avait pas seulement un nom, elle s'écrivait. Le mal, ou plus exactement le bien, était fait ! Un certain bien. Désormais, la sexualité se disait et, se disant, la société tout entière s'assouplissait, s'épanouissait, allant jusqu'à vivre des expériences dont l'audace aujourd'hui étranglerait plus d'un esprit ouvert. L'une des grandes découvertes de Mai 68 est l'autonomie. Communautés, collectifs, comités, groupes et groupuscules ont fait florès. À l'occasion de leur création, les individus exploraient, échangaient, découvraient, revendiquaient leur droit à la différence et, à ce titre, au respect qui leur était dû. La pilule, le droit à l'avortement, l'accession des femmes à l'autonomie et à la parole, dont elles s'emparèrent fort bien, n'ont pas ouvert mais fait exploser le champ de la sexualité, comme celui de la créativité. Dégagé du risque de grossesse non contrôlée, l'amour « libre » et le désir n'étaient pas seulement possibles, ils étaient *légalement* autorisés. La liberté, véritablement, s'incarnait. Grâce aux luttes courageusement menées et aux victoires chèrement obtenues, les progrès ont été réels. En particulier pour les femmes. La révolution sexuelle cependant a fait long feu.

Trente-cinq ans après, au-delà des avancées, je ne peux m'empêcher de me poser cette question : que reste-t-il de l'esprit de Mai, du souffle si formidable qu'il a balayé les normes, révolutionné les comportements, ouvert les esprits ? Après s'être trouvée à feu et à sang, la capitale s'est apaisée. À la violence a succédé le calme et, à la révolution, l'ordre. Chacun, il est vrai, y a mis du sien. Les étudiants sont rentrés chez eux, les ouvriers ont repris le chemin de l'usine, les femmes leurs casseroles et le pouvoir les rênes. Au fil des mois, les révolutionnaires, quand ils ne s'étaient pas perdus, sont rentrés dans les rangs. Tandis que leurs revendications, souvent innovantes, courageuses, parfois extrêmes, plus ou moins durables, mais de plus en plus minoritaires, se normalisaient, le reste des Français, devant leurs nouvelles télévisions en couleur, se remettait doucement de ses émotions. Après l'affrontement, le gigantesque bouillonnement social qui s'était emparé de la France non seulement se calmait mais s'éteignait. Que s'était-il passé ?

De ce point de vue, il semble bien que la crise de 1968 se soit soldée par un échec. Attention : je ne remets absolument pas en cause la valeur positive des victoires obtenues ni l'absolue nécessité des luttes : la réaction des étudiants-adolescents pour vivre l'amour « libre » (c'est-à-dire libéré de la menace symbolique de l'inceste) me paraît parfaitement saine et salutaire. Je ne mets pas davantage en cause le retour au calme. La qualité d'une démocratie évoluée se juge aussi à sa capacité à assimiler – dans le progrès – les révolutions qui l'ébranlent. Mais l'échec est cependant réel. Celui dont je parle n'est autre que celui de l'autorité sociale-parentale. Échec quant à la violence de la répression, échec quant à son devoir de poser des interdits constructifs et non castrateurs. Échec donc quant à la principale question qui nous était posée : celle de la résolution du désir lorsque la sexualité devient active. L'autorité sociale-parentale incapable – je n'ai pas dit coupable, car d'ailleurs aurait-elle pu faire autrement ? – de poser des limites, non pas pour brimer mais pour *définir* le cadre nouveau du désir légitime de ses enfants, ne leur a pas seulement interdit de le comprendre. Elle est allée plus loin.

Dans les années qui ont suivi, la société, sous la pression des revendications féminines – mais n'était-elle pas au fond éprise des mêmes désirs et bloquée par les mêmes contradictions ? –, a aboli deux des plus puissants tabous qui, jusqu'alors, régissaient la sexualité. Je parle bien sûr du droit à l'avortement et de la légalisation de la pilule contraceptive. Libérés des contraintes et des limites connues jusqu'alors, les individus se trouvaient brusquement devant des potentiels séduisants, mais terrifiants. Jusqu'où ce désir, dans les faits si puissant, dans ses conséquences si révolutionnaires, pouvait-il aller ? Cette même immaturité qui avait permis aux étudiants-adolescents de balayer des interdits majeurs, d'ouvrir les portes de leur désir, ne permettait ni aux uns ni aux autres de l'assumer. Car ce désir agissant, efficient, était certes délicieux – nous nous en sommes délectés –, mais l'inconnu sur lequel il débouchait n'était-il pas, par son absence même de limites, sidérant ? Combien d'ailleurs s'y sont perdus ? Parce que la menace fantasmatique de l'inceste n'avait pas été résolue – peut-elle l'être ? – mais écrasée, le désir libéré sans être redéfini devenait potentiellement si dangereux qu'il était brusquement préférable de le... castrer. Ce que se sont employés à faire, d'une part, les jeunes des communautés hippies (avant-gardistes de la libération sexuelle et du style de vie associée) en adoptant notamment un mode vestimentaire androgyne, dont la principale caractéristique était de masquer justement la lisibilité du sexe. Ce que s'est employée à faire la société, d'autre part, dans une stratégie inverse. Exorcisé aux forceps, le sexe s'est, par l'entremise d'une activité nouvelle, la publicité, mais pas seulement (je songe à la pornographie), curieusement trouvé placardé sur tous les murs. Parce que le désir sans limites comportait le risque d'une transgression puissante non résolue, sa recherche, son exploration ont été arrêtées au profit de sa satisfaction *immédiate* (donc circonscrite) : la jouissance. Tandis que le sexe était sur toutes les bouches, le désir lui, endossait la charge d'interdits qui, avant Mai 68, pesaient sur la sexualité, et devenait tabou [1]. Effrayée par les conséquences possibles de sa mutation, la société n'a pu, n'a su, n'a voulu assumer cette liberté nouvelle autrement que par l'affichage du sexe. Stratégie d'exhibition visant à masquer une question bien plus perturbante : celle du désir. Dans le même temps, l'essor de la société dite de consommation permettait au désir sexuel, jugé coupable, de s'exporter hors du corps. En posant l'équation « jouissance = satisfaction du désir » comme quelque chose de parfaitement acceptable socialement, la société se donnait les moyens de ne pas avoir à définir quelles pourraient être les conditions – et le sens – d'un désir autonome.

Car, dans la paix sociale retrouvée, il semble bien qu'un malentendu demeure : *quid* en effet de l'élan révolutionnaire, du désir, à l'origine de tout ce bouillonnement ? Que sont devenues cette fougue, qui avait poussé la jeunesse à revendiquer avec audace son propre désir, ainsi que cette liberté si belle qu'elle nous a valu des acquis fondamentaux ? Tandis que la société jouissait, certes au prix de quelques concessions de l'ordre rétabli, et que les individus jouissaient d'une liberté sexuelle chèrement acquise (ou difficilement accordée), tandis que la société, antisexuelle, était à force positive de combats, sexualisée et que l'instinct sexuel, antisocial, était à force positif de

1. Il est amusant de noter qu'au Moyen Âge, c'est la stratégie inverse qui a été développée. Le désir était sur toutes les bouches – on l'appelait l'amour courtois –, tandis que le sexe était tabou.

lois, socialisé, la jeunesse révolutionnaire, elle, se faisait – qu'on me pardonne – tout simplement... baiser ! Dépucelage violent opéré aux frais de son désir.

Car, si l'instinct sexuel avant Mai 68 *était* antisocial, le désir, hors même de la menace fantasmatique dont il est porteur, étant capable d'inspirer des changements brusques et importants est resté, et demeure, révolutionnaire. Beaucoup plus que le sexe, c'est bien lui qui fait peur. Le mouvement de Mai n'aurait jamais vu le jour sans lui. Le désir non pas comme tendance à assouvir, satisfaire ou combler, non pas comme but à atteindre, mais comme origine et ressort même de notre existence. Et, tout à notre jouissance, il semble bien que nous n'ayons rien vu. Or tel est bien le prix, pour jouir, que nous avons payé.

Le malentendu demeure

Ces raccourcis peuvent apparaître pour ce qu'ils sont : un peu courts. Toutefois, malgré une réelle ouverture de la société qui reconnaît enfin le sexe comme une de ses composantes et la levée de certains tabous, comment ne pas parler de désenchantement ? Alors que la sexualité est admise, reconnue et déculpabilisée, il semble aujourd'hui que le seul objectif à atteindre soit celui de l'exhibition et de la jouissance. En long, en large et en travers, on s'interroge sur les meilleurs gestes, les meilleures positions, la meilleure technique pour, puisque c'est un droit, atteindre l'orgasme. Du droit au but, il n'y avait qu'un pas. Il fut allégrement franchi, comme au foot, et d'ailleurs avec un succès tel que même les femmes s'y mettent. Lorsqu'il est atteint, quelle clameur, quelles ovations et quel... soulagement ! À grand renfort d'émissions télévisées, d'ouvrages plus ou moins sulfureux, d'articles plus ou moins provocants, les organes sexuels, le clitoris, le point G, l'érection, la pénétration, les comportements sexuels les plus variés, classiques, échangistes, sadomaso, hétéro, homo, bi, sont, avec un élan dont il faut saluer le remarquable effort pédagogique, analysés, détaillés, expliqués comme autant de rouages d'un mécanisme dont l'unique fonction est la jouissance et qu'il suffit simplement de maîtriser pour l'obtenir. L'appareil ne fonctionne pas ? Qu'on se rassure ! Et surtout, procédons par étapes. Reportons-nous d'abord au mode d'emploi – naturellement complexe tant la machine est sophistiquée. Étudions-le, suivons ses instructions avec attention et méticulosité. Exerçons-nous ensuite, car c'est aussi, bien sûr, une question de pratique. L'objet, malgré toute notre bonne volonté, reste rebelle ? C'est tout bêtement qu'il est... en panne ! Pas de panique, comme pour un vulgaire lave-linge à l'électronique fragile, les meilleurs techniciens sont là, armés des outils les plus performants pour le réparer. La sexualité n'est-elle pas l'ensemble des *comportements* (entendus au sens de procédés) liés à l'instinct sexuel et à sa *satisfaction* ? Dans cette vision mécanique, le pénis est le point clé. La bandaison est défaillante ? L'arsenal se déploie : chirurgie réparatrice, médicaments ou substituts. Le godemiché, remis au goût du jour et à l'honneur, se trouve jusque dans les catalogues familiaux de vente par correspondance. Ouf ! La sexualité des magazines est donc bien une sexualité de la jouissance et non du désir.

Ouf ?

Le sexe physique, visible, autorisé, délimité, domesticable, compréhensible est donc devenu un objet de consommation, un mécanisme utilisable et non le moyen d'émancipation individuelle qu'il est. Mais il est très intéressant de noter que le désir, et la liberté à laquelle il conduit, restent suspects. Dans ma pratique, qu'est-ce que je constate ? Que la libération sexuelle proclamée collectivement, placardée publiquement, n'a pas abouti à la résolution des difficultés individuelles liées à la pratique de la sexualité. Pire : elle a agi comme un voile. Qu'il s'agisse d'une affiche publicitaire, d'un discours médiatique, d'un prêche médical, d'une parole affranchie ou même d'une sexualité débridée, le résultat est le même que le foulard posé sur la tête des femmes. Sa principale fonction – pour ne pas dire la seule – est de masquer l'autonomie à laquelle le désir assumé conduit. Et c'est bien à ce voile – invisible mais castrateur – que les femmes et les hommes nés dans le sillage de 1968, parce qu'ils arrivent aujourd'hui à maturité sexuelle, se trouvent confrontés.

On donne des cours d'éducation sexuelle. Très bien. Quoiqu'on puisse s'interroger sur leur contenu et la légitimité (sinon les motivations) de ceux qui les donnent, il en faut. On parle de sexualité sur tous les tons, toutes les chaînes, toutes les ondes. Tant mieux. Mais qui parle de désir ? De ce désir qui, lorsqu'il vous prend (pour les femmes, dans le ventre), si fort qu'il en devient presque un besoin, fait peur. De ce désir qui, lorsqu'il ne vous prend pas, inquiète. De ce désir qu'il faut néanmoins explorer, apprivoiser, parce que, bien au-delà de sa dimension sexuelle, mais aussi à travers elle, c'est à l'épanouissement, donc à la liberté, qu'il conduit. De ce désir sans lequel les portes de la jouissance ne s'ouvriront jamais en grand. Qui dit combien cette exploration est délicate, patiente, incertaine ? Qui dit combien elle dépend de l'histoire de chacune et de chacun, et non d'une quelconque recette ? Qui dit surtout qu'elle n'est, bien que portée par cet élan, ni dangereuse ni révolutionnaire ? Tout comme l'inceste n'est qu'une menace, un fantasme, une projection inconsciente de nos peurs qui ne pèse sur l'épanouissement sexuel que par la représentation que l'on s'en fait, le désir n'est terrifiant que dans la perception que l'on en a. Et l'évolution, bien qu'elle puisse y conduire ou passer par elle, n'est pas pour autant synonyme de révolution ! Une chose néanmoins est sûre : de tous les désirs qui nous poussent à l'évolution – désir de manger, de parler, désir d'être propre, de marcher, désir de choisir ses vêtements, ses amis –, le désir sexuel est celui qui, le plus sûrement, nous pousse hors de l'amour parental. Plus l'autonomie à laquelle il nous invite nous semble difficile, moins nous serons enclins à y répondre. Or c'est bien là le principal obstacle. On ne s'autorise le désir et la jouissance que dans la mesure où l'on accepte de rompre avec les grandes protections de l'enfance et de l'adolescence. Car désirer, c'est être actif. Et jouir, c'est accepter de l'être.

Ce n'est pourtant pas tout. Rompre avec les grandes protections de l'enfance, c'est aussi rompre avec la plus grande – la plus précieuse et la plus trompeuse – des illusions de la jeunesse : celle de l'immortalité. Que nous devenions parents nous-mêmes ou que la proximité de la vieillesse et la disparition des autres nous y obligent, il nous faut consommer cette rupture. Que la maturité sexuelle trouve son expression après la trentaine n'est pas un hasard. Accepter de jouir, c'est aussi accepter de mourir. Et l'on voudrait que cela soit facile... Mais attention, accepter de mourir ne veut pas dire être mort, bien au contraire. Dans la force de l'âge, en pleine possession de nos moyens, pour peu que l'on accepte l'autonomie que permet le deuil de l'illusion, c'est à cet âge que l'on accomplit ses plus grandes réalisations et que l'on vit ses... plus belles jouissances ! Pourquoi ? Parce que la mort n'est soudain plus très loin.

Connais-toi toi-même !

Lorsqu'à l'adolescence les premières expériences se dessinent, elles sont accompagnées de nombreuses interrogations. Que vais-je éprouver ? Que dois-je faire ? Comment dois-je me comporter ? Jusqu'où dois-je aller ? Vais-je changer ? Certaines très précises, d'autres très naïves, toutes témoignent d'un fait : avant de faire l'amour, personne ne sait de quoi il retourne. Le temps de la première relation sexuelle, placée sous le signe de l'ignorance, reste un passage initiatique. Un moment si important que le souvenir de la « première fois » fait partie de ceux qui ne s'effacent jamais. Mais qui ne préjuge pas, bien au contraire, du futur de la vie sexuelle de chacun. Que les débuts soient rudimentaires ou décevants n'a donc rien de surprenant, ni de fatal. Il ne s'agit pas d'un examen dont il faudrait sortir avec honneur, encore moins d'un concours, ni même, malgré le vocabulaire employé, d'une conquête. Pas de norme en la matière, ni de mode d'emploi.

L'inconnu qui se présente devant soi n'est pas total. Hommes et femmes abordent le moment de la rencontre avec l'autre sexe, ou plus exactement avec le sexe de l'autre, avec ce qu'ils savent ou supposent de leur propre sexe et ce qu'ils savent ou supposent de l'autre. Selon que l'on est homme ou femme, ces connaissances et ces suppositions diffèrent. C'est entre ces connaissances et ces suppositions que la rencontre sexuelle se fait. Mais parce qu'elles sont plus ou moins réalistes, supposées ou fantasmées, parce que ce sont elles qui ouvrent ou ferment les portes du désir et de la jouissance, puisqu'il s'agit après tout de savoir *où* l'on met les mains, autant les explorer [1] ! La vérité n'est jamais plus belle que toute nue et le plaisir plus tentant qu'éclairé.

Je bande donc je suis

L'homme pratiquement naît « en bandant ». De ce sexe toujours et si spontanément dressé, de cette agréable découverte, du plaisir enfantin qu'il éprouve, il tire ce qui semble bien être une rassurante confiance si ce n'est sur la façon la plus adroite de s'en servir, au moins sur sa vitalité. Cette énergie naturellement bandée vers l'extérieur explique en partie la propension masculine à posséder le monde. Parce qu'elle est intimement associée à sa pulsion de vie, elle explique aussi et très certainement les angoisses existentielles auxquelles les hommes se trouvent confrontés lorsque des « pannes » et des « dysfonctionnements » surviennent. Quoi qu'il en soit, les érections du petit garçon, si naturelles et si irrépressibles, le familiarisent dès son plus jeune âge avec cette fonction qui n'a alors de sexuel que le

1. Cette exploration, bien sûr, ne doit pas s'entendre comme l'obligation de se masturber que les sexologues proposent souvent aux femmes comme l'incontournable solution à leur questionnement.

mot. Parce qu'il a l'occasion très tôt de cerner où se situe son énergie pulsionnelle, l'homme entend que l'on s'intéresse à ce lieu du point culminant de son plaisir. Parce qu'il a connaissance de quelque chose d'existant et qu'il entend que la femme reconnaisse la même chose, il aura tendance à faire de son pénis son seul et unique centre d'intérêt, de préoccupation et d'inquiétude, comme il fera de l'éjaculation le seul et unique objectif de la relation sexuelle. La même évidence le conduira à ne se préoccuper – grande question – que de faire jouir sa partenaire. Ainsi s'explique son manque d'intérêt pour les caresses qui, dès lors qu'elles ne concernent pas le sexe, siège de toutes ses émotions, lui paraissent superflues. Ainsi s'explique son principal souci, celui de l'efficacité de son « outil », instrument précisément de plaisir, chargé de le faire jouir et de faire jouir sa partenaire. Or, l'évidence de la sexualité masculine est un traquenard parfaitement bien... tendu et aussi traître (sinon plus) que celui de la prétendue obscurité qui pèserait sur la sexualité féminine. Dressée de toute sa force, énergiquement brandie, admirable de vigueur et saisissante de simplicité, cette évidente clarté s'avère si lumineuse qu'elle en devient vite aveuglante. Tous les stéréotypes associés au sexe masculin – l'énergie, la force, la droiture, la puissance, le pouvoir, la confiance, etc. – découlent « naturellement » de cette vision. S'il n'est pas question de contester ce sexe obligeant dont la nature a doté les hommes, il faut toutefois souligner les impasses auxquelles ses qualités conduisent. Réelles, mais mal interprétées ou mal perçues, elles induisent en particulier une violence dont ils sont les premières victimes. La perception d'un sexe toujours fort est une vision d'autant plus caricaturale et agressive que les hommes, pour incarner ce qu'ils estiment être leur « nature », pensent, espérant y trouver leur identité, devoir s'y soumettre.

Redoutable piège ! Ce n'est pas, en effet, parce qu'ils ont trouvé une réponse flagrante au départ que les hommes n'ont pas de questions à se poser, en général, et sur leur sexualité, en particulier. Nombreux sont ceux à savoir qu'elle ne se résume d'ailleurs pas aux équations « érection = éjaculation », « éjaculation = jouissance ». Du mécanisme avéré par lequel l'érection conduit à l'éjaculation et l'éjaculation à la jouissance on déduit que, lorsqu'ils font l'amour, tous les hommes jouissent. Rien n'est plus faux. On peut jouir sans éjaculer et éjaculer sans jouir. D'autres civilisations que la nôtre savent bien que l'éjaculation n'est pas *la* seule jouissance possible. Les hommes sont autant frigides que les femmes et également enclins à la simulation. Que la leur soit dissimulée par une éjaculation non jouissive ou très courte, ou même par le préservatif (« avec le préservatif, me confie l'un de mes patients, c'est facile de simuler. Il suffit qu'elle ne voie pas qu'il est vide quand je l'enlève »), le résultat est le même : tout le monde reste sur un malentendu.

Continent noir ou néant blanc ?

La découverte de la sexualité féminine ne relève pas de la même « clarté » mais débouche sur les mêmes impasses. Alors que le garçon dès son plus jeune âge accède à la *perception*, la petite fille reste, vis-à-vis de son sexe, longtemps dans la *sensation*. Puisque le lieu de son sexe n'est ni visible ni même *nommé*, les émotions qu'elle éprouve sont beaucoup plus diffuses. La petite fille sait bien sûr, ou sent, que son sexe est le siège de sensations intenses. Le lieu de son plaisir, comme les garçons, est parfaitement localisé. Mais, parce qu'elle ne le voit pas, il n'est pas limité à son point d'ancrage. Dépourvu de cette limite, en même temps que sa sexualité s'ouvre à l'imaginaire, tout son corps se trouve investi des sensations qu'elle éprouve. Ainsi s'explique l'importance pour les femmes des caresses et de ce qu'elles appellent préliminaires.

Par ailleurs, alors que les garçons pris par l'évidence qui se dresse devant eux ne sont pas enclins à l'introspection mais à l'action (avec l'attendu supposé du résultat), les filles naissent et grandissent avec une interrogation. Tandis que les garçons, sachant comment leur sexe fonctionne, expriment dans le projectif la capacité de leur sexualité, les petites filles, en retrait des bagarres de leurs camarades, observent et s'interrogent. Pourquoi les garçons sont-ils si turbulents ? Détiendraient-ils quelque chose qu'elles n'auraient pas ? C'est le temps, dans les cours de récréation, des secrets et des messes basses. Cette curiosité est peut-être d'ailleurs celle qui les pousse à être plus studieuses, plus attentives que les garçons. Qui sait où se trouve la réponse à leurs questions ? Parce que l'énigme est là. Alors elles cherchent, curieuses, attentives et patientes. Plus tard viendra le temps où, restées sans réponse, elles s'examinent longuement dans les miroirs. Plus tard encore viendra celui où, toujours sans réponse, elles chercheront à combler de l'extérieur ce « vide » demeuré en elles. Moins elles auront la possibilité de résoudre leur énigme, plus le vide se fera néant, plus la compréhension d'elles-mêmes sera obscure, plus elles chercheront à l'extérieur ce qu'elles n'ont pas trouvé en elles. Maquillage plus ou moins outrancier, boulimie n'étant alors que des moyens entre autres destinés à masquer, de l'extérieur, l'inconfortable néant inscrit obstinément en elles.

Cette interrogation peut être douloureuse. Ce « vide » est souvent interprété en termes de « faille », de « blessure ». Combien me parlent de leur sexe comme d'un « trou, là, en bas », d'une « faille d'où on perd des règles ». Quelle violence dans ces perceptions ! Or l'énigme qui se pose aux femmes lorsqu'elles sont enfants est une belle énigme, riche en possibilités. Mais beaucoup, au lieu de la résoudre, abandonnent leur quête parce qu'elles se sentent coupables. Une culpabilité, me semble-t-il, d'autant plus grande que le silence est criant. Qui parle à une petite fille de son clitoris, de ses lèvres, petites et grandes, de sa vulve, de son vagin ? Ce sont pourtant bien les mots de son sexe. Les interdits sont tels que bien souvent d'ailleurs les parents parlent de « zizi » ou encore de « zézette » pour désigner indifféremment le sexe de leur fille et celui de leur garçon. Or il s'agit de deux organes parfaitement différents, et les enfants le savent très vite. Que peuvent alors comprendre les filles ? Qu'elles n'ont « rien » là où les garçons « ont » quelque chose ? Qu'elles l'ont « perdu », qu'elles auraient un « manque », qu'elles seraient « (dé)-faillantes » ? Les femmes vivraient leur sexualité dans la douleur d'un pénis perdu. Quelle fable ! Les femmes ne sont dépourvues de rien. La sexualité féminine se construit sur le désir de pénis uniquement dans la mesure où, petites, personne ne leur dit qu'elles *ont* un sexe. La même confusion se retrouve plus tard en ce qui concerne, par exemple, leurs pertes vaginales. Combien attribuent-elles à une « infection » des pertes qui sont le signe d'une *excitation qui a eu lieu* ? Car, bien évidemment, filles et garçons sont soumis aux mêmes pulsions sexuelles, et ces pulsions laissent leur trace. Quand elles se traduisent pour les garçons par une érection, il faudrait pour les filles qu'elles n'aient pas d'expression ? Comment veut-on qu'une femme comprenne le sens de ses pertes si on ne lui dit pas que son sexe peut s'exciter aussi spontanément que celui des hommes, que cette excitation produit une lubrification vaginale et que c'est cette lubrification qui est à notamment l'origine de ce qui se trouve au fond de sa culotte ? Et que cela n'est pas sale !

À cause de ce silence qui entoure leur sexe, les femmes peuvent facilement percevoir celui des hommes comme étant de nature à les combler ou à réparer leur souffrance. Ils détiennent ce dont elles se sentent, plus ou moins cruellement, dépourvues. Ils leur apportent une sorte de gratification, le sentiment de ne pas être complètement manquantes. De ce point de vue, certaines cherchent et trouvent les comportements masculins qui les rassurent. Le discours médical[1] joue particulièrement le jeu. La femme possède un corps imparfait ou incomplet que l'homme, par sa science, répare, ou par son sexe comble. Il ne faut toutefois pas se leurrer : sur ce terrain des stéréotypes et des idées reçues, le jeu se joue à deux. Hommes et femmes sont complices. La tendance des hommes à rendre les femmes « mécaniques » est équivalente à la tendance des femmes à les rendre « opérationnels ». Et certains cherchent et trouvent les comportements féminins qui les rassurent. Le malentendu est d'autant plus total

1. Mécaniste à l'égard du corps des femmes *et* des hommes.

que les uns et les autres sont aveuglés par l'évidence du sexe de l'un et de l'absence du sexe de l'autre. Or, les femmes ne manquent de rien ! Leur sexe est là, vivant, actif, impatient parfois et aussi chaud que celui des hommes. Mais que raconte-t-il ?

La bouche, le sexe et l'anus

Les appréhensions liées au sexe trouvent leurs origines dans les premières expériences de la vie. Le creux qu'elles perçoivent en elles, l'interrogation qu'il pose, les femmes cherchent à les comprendre à partir de ce qu'elles savent. Or, ce creux, à quoi les renvoie-t-il, sinon à une découverte vécue lors des stades pulsionnels oral et anal, celle d'un emboîtement (bouche/sein – anus/bâton fécal) auquel a succédé une séparation (sevrage-propreté). Forte de ces anciennes connaissances dont elle a *fait* l'expérience, la petite fille perçoit le creux de son sexe comme une bouche (vaginale) dont elle va craindre une capacité à mordre ou ses conséquences (découper en rondelles). L'apparition des dents comme la propreté sont liées à une pulsion « sadique » de séparation. Le sevrage intervient au moment de la pousse des premières dents. Cette bouche génitale serait-elle alors capable de mordre ou de couper le sexe de l'homme ? En consultation, je me trouve régulièrement face à la difficulté des femmes à exprimer les capacités de leur sexe. De quoi est-il capable ? De ressentir, peut-être, me disent-elles. Or, ressenti, attente d'émotions venues de l'autre, n'est-ce pas se confiner dans la passivité, la soumission ? Je dois alors les aider à comprendre la capacité active (*et* inoffensive) de leur sexe. Quels mots mettre sur cette capacité active sinon téter, sucer, absorber, serrer, enserrer, contracter, qui tous justement renvoient à une expérience connue d'une bouche ou d'un anus ? Ce vécu, parce qu'il porte l'idée d'un possible sadisme à l'égard de l'autre sexe, doit être revisité. Légitimement, les femmes se trouvent dans l'incompréhension du réel en raison d'une connaissance préliminaire perçue comme dangereuse. Elles nourrissent donc une méfiance qui donne lieu à des perceptions erronées, mais admirables de justesse, pour dire leur peur. Alors que l'une me parlera de son sexe comme d'un « os, un bec de perroquet », l'autre évoquera des parois en « papier de verre » et une troisième, cette « faille d'où on perd des règles [1] ». Toutes expriment l'idée qu'elles se font de leur sexe par des images élaborées en fonction d'un ressenti (tranchant, abrasif, coupant). Celles qui auront grandi dans ces angoisses non résolues devront, au moment des premières découvertes, parcourir ce chemin vers elles-mêmes. Lorsqu'elle est impossible, cette exploration entraîne chez de nombreuses femmes la crainte plus ou moins consciente d'être castratrice, d'abîmer le sexe masculin. Et elles ne percevront l'« agitation » masculine, qui cherche et prouve la capacité pénétrante de son sexe, que comme la confirmation de la peur qu'elles pensent inspirer aux hommes.

À cela répond alors une attitude soumise (dominée donc inoffensive) ou maternelle (protectrice donc inoffensive). Ce faisant, les femmes font l'économie de ce vers quoi les pousse leur désir, c'est-à-dire être actives. Les pulsions qu'elles perçoivent comme dangereuses puisqu'elles les imaginent castratrices, elles préfèrent les étouffer plu-

1. Et non « ses » règles puisque, petite fille, elle avait interprété ce terme au sens propre de double décimètre.

tôt qu'étouffer l'autre, et se les interdire. Or, ce faisant, elles se font violence et font violence aux hommes. Ayant peur de leur faire mal en jouissant, elles ne jouissent pas, mais, en ne jouissant pas, elles les confortent aussi dans ce fantasme d'être dangereuses. Car l'homme, de son côté, perçoit son sexe comme un sein génital susceptible, puisqu'il fait le même cheminement inconscient, d'être « mordu ». À l'angoisse castratrice féminine répond l'angoisse masculine d'être castré [1]. Face à cette crainte, soit l'homme bande et brandit son désir pour « assurer » (l'attaque est la meilleure des défenses), soit son désir lui semble trop pénétrant donc trop agressif, auquel cas il débande ou éjacule précocement (là bien sûr n'est pas la seule explication de l'éjaculation précoce ou de l'impuissance, passagère ou non, masculine).

Hommes et femmes, s'ils découvrent leur sexe de façon différente, se rejoignent donc autour de la même crainte du sexe perçu comme bouche ou sein symboliques. Plus la charge menaçante des ces représentations inconscientes sera lourde, moins la sexualité sera épanouie et plus elle sera source de violence (avérée ou latente). On estime généralement que la violence est projective (masculine), mais la soumission peut aussi être une violence faite à l'autre. Les femmes sont aussi violentes et agressives que les hommes. Ni plus ni moins. Lorsque, à la propension des hommes à « dominer » répond celle des femmes à se « soumettre » – et inversement –, hommes et femmes se font violence. La question de la violence des hommes et des femmes se trouve bel et bien posée dans la sexualité. Comprendre son origine permet non pas de la résoudre,

1. Castré de ce « sein » mais aussi castré de son pouvoir de combler, de « nourrir ».

puisqu'elle est un de ses moteurs, mais de la remettre à sa place pour qu'elle n'en prenne ni plus ni une autre.

Ce tableau d'une sexualité masculine qui serait aussi évidente que claire, aussi décoincée que désirante, et d'une sexualité féminine qui serait aussi secrète qu'obscure, aussi timide que difficile apparaît bien pour ce qu'il est : trompeur, puisque fondé sur une perception erronée de la réalité. Jouir suppose une connaissance de son sexe, de ses capacités et de ce que jouir veut dire. Hommes et femmes en sont également capables pour peu que l'on commence par nommer les choses par leur nom. Il est indispensable d'apprendre aux petites filles, en le nommant, qu'elles ont un sexe et d'apprendre aux petits garçons que « bander » n'est pas tout ! Céder à la facilité est un peu rudimentaire. À vaincre sans péril, ne triomphe-t-on pas sans gloire ? À tous, il faut dire encore combien il est important de laisser émerger cette joie, cette envie d'être, cette pulsion bien sûr gourmande qui les anime. Accepter de flirter avec son désir, lui trouver un aboutissement – qui n'est pas forcément sexuel, d'ailleurs – est essentiel. Car la pulsion sexuelle est une pulsion de vie et pas seulement la recherche d'un coït biologique. L'énergie sexuelle, de laquelle nous sommes nés et qui nous fait naître à nous-mêmes, est certainement la plus puissante qui soit. Jouir sans entraves est possible une fois que les limites sont comprises. Non pas des limites qui enferment, bloquent, interdisent, mais qui, comme les barreaux d'une échelle sont faits pour être gravis, ne sont posées que pour être franchies.

Point G, clitoris et sodomie : jouir mais où ?

Où est-ce qu'une femme jouit ? Grande et stupide question ! Clitoris, vagin, point G... Ah, le point G, magique et formidable bouton de secours sur lequel il suffirait d'appuyer pour que, à l'instar du clitoris, la lumière soit dans le corps féminin ! Le plus regrettable est que les femmes croient devoir s'approprier cette vision mécanique de leur sexualité. Or, il en est du point G comme du triangle des Bermudes, malgré toutes nos connaissances sur le sujet, personne n'a jamais statué sur lui. Pour les uns, certains vagins seraient dotés d'un « amas cellulaire » proche par sa composition de celui de la prostate. En le cherchant, ceux-là ne cherchent rien d'autre qu'à faire jouir les femmes de leur... prostate ! Cette volonté tenace de lire le corps et la sexualité féminine en fonction de celle des hommes n'est pas un hasard. En ce qui concerne le point G et la prostate, c'est même une coïncidence trop amusante pour ne pas la dénoncer. Les hommes s'accordent à dire que la prostate est un endroit de plaisir. On y accède en palpant le périnée (entre les bourses et l'anus) ou par l'anus lui-même. Les hommes ont-ils l'intuition de ce plaisir anal ? Parce qu'ils éprouvent le ressenti d'un plaisir inaccessible, ils sont très curieux de leur anus. (Inavouable et/ou menaçant, ce désir refoulé s'exprimera par des injures telles que « pédé » ou « enculé », ou par une phobie tout aussi violente des homosexuels.) Leur désir d'ailleurs de sodomiser les femmes n'est-il pas notamment la projection de ce fantasme ? Mais l'anus, pour les femmes, quand le désir est dans leur ventre, ne représente rien, ou pas grand-chose. En tout cas rien de comparable aux caresses vaginales ou clitoridiennes.

Si les femmes n'investissent pas leur vagin, avec toutes les craintes qu'il comporte à leurs yeux ou aux yeux de leur partenaire, comment pourraient-elles avoir envie de la pénétration ? Ainsi, les femmes qui s'adonnent à la pénétration anale peuvent être celles qui sont en échec par rapport à leur vagin (dans leur anus, elle ressentent la présence du pénis) et pensent le réparer dans un autre lieu. Il est intéressant de noter que, d'une façon générale, l'intérêt que suscite la sodomie est avant tout un intérêt masculin. La sodomie pouvant se substituer totalement à une pénétration génitale, on est amené à se poser cette question : qu'est-ce qui fait qu'excité génitalement, l'homme puisse être attiré chez sa partenaire par une zone qui n'est pas une zone génitale mais une zone anale ? D'autant plus que, dans le cadre d'une relation hétérosexuelle, ce qui fait la spécificité de sa partenaire, c'est justement sa zone génitale. On ne cesse de le répéter, ce qui fait l'excitation d'un être, c'est la lecture inconsciente qu'il se fait d'une situation. La sodomie va donc, bien évidemment, générer une somme de fantasmes inconscients à l'origine du désir ou du non-désir de cette pratique. À travers la sodomie, l'homme peut entendre la preuve de sa puissance et donc de sa virilité. Ceci par la position de domination qu'elle lui offre symboliquement, par la notion de transgression qu'elle sous-tend, par la sensation d'être dans cette pénétration plus serré (ce qui lui renvoie une image de son sexe gros et grand, voire énorme !), par encore la tonicité du canal anal qui lui donne ce sentiment de déflorer, d'être le premier, d'être l'élu. Peut-être aussi raconte-t-il son propre désir, désir d'être pénétré (au même titre que la femme éprouve du plaisir à pénétrer de son sein, par exemple) mais aussi d'être en ce lieu sollicité car stimulant de la prostate. Si le vagin, trop mystérieux, représente une source d'angoisse, la sodomie peut alors être investie par l'homme afin de tenter de juguler cette angoisse : l'homme possédant lui-même un anus, il ne se trouve pas confronté à la pénétration d'un lieu mystérieux. Cette pénétration devient alors plus rassurante. D'autre part, si la pénétration vaginale représente le « risque » de la fécondation, elle peut être inconsciemment interprétée par l'homme comme le rapt de son sperme et ainsi l'expression symbolique d'une castration. Là encore, la sodomie sera plus rassurante. A contrario, la sodomie, renvoyant à des fantasmes sadiques, peut générer chez l'homme une véritable culpabilité.

Une femme peut-elle aimer la sodomie ? Commençons par ce qui l'en empêcherait, d'un strict point de vue psychique, bien sûr. Son vagin ne serait-il donc pas assez attirant, excitant, efficace, pas assez tonique, et peut-être angoissant, pour que son partenaire s'en détourne ? Ce qui la fait différente de son partenaire ne l'intéresse pas, lui, il n'aimerait ainsi en elle que ce qu'il reconnaît de lui ? La sodomie, qu'elle se substitue à la pénétration vaginale ou qu'elle semble être le summum de l'excitation de l'homme, renvoie la femme à une image narcissique dévalorisée, voire sale, du fait de la fonction réelle de l'anus. Toutefois, si justement c'est déjà l'image, plus ou moins consciente, qu'elle a d'elle-même, la sodomie – notamment – sera le moyen de continuer à ternir sa valeur narcissique. D'autres femmes en quête de jouissance – certaines allant même jusqu'à la souffrance pour explorer des sensations – confondant parfois plaisir et douleur vont chercher dans cette pratique des sensations qu'elles ne parviennent pas à trouver par la voie génitale. La sodomie peut néanmoins participer à la sensation pour la femme de se sentir pleine de son partenaire – « il me prend toute, tout entière » – et ainsi être une véritable source de jouissance. De même, la transgression qu'elle suggère peut également renvoyer un sentiment jouissif. Pour finir, la préparation que nécessite cette pratique, si bien sûr elle se fait dans de bonnes conditions, « contraint » l'homme à un rituel de massage, d'attention, de patience qui permet à la femme de jouir de préliminaires trop souvent absents de la sexualité en général.

Alors, où est-ce qu'une femme jouit ? La question de savoir si l'on est vaginale ou clitoridienne est tout aussi stupide. Comme s'il existait deux orgasmes possibles. Lorsque l'on mange un plat délicieux, on ne se demande pas si notre plaisir vient du palais, de la langue, de l'estomac ou du... cerveau. On jouit de tout son être. Le besoin de trouver un lieu à la jouissance féminine est éminemment respectable. Le danger est de s'y enfermer. Être clitoridienne ou vaginale dépend de sa capacité à se sentir femme. Le clitoris est souvent rapporté dans sa description physiologique au pénis (le clitoris peut par exemple être en érection pendant la nuit et le matin ; la femme éprouve une sensibilité qu'elle met, à tort, sur le compte d'une infection. Innervé, le clitoris peut être énervant. Énervement, excitation, les femmes, quand elles se méconnaissent, souvent mélangent). Investir son clitoris comme unique source de jouissance possible, c'est passer à côté du vagin. Cela permet de masquer l'impossibilité d'accéder à sa spécificité de femme. Car, clitoris-pénis ou pas, les femmes ne sont pas des hommes ! La jouissance est dans le vagin, elle n'y est bien sûr pas obligatoire. Les femmes ne sont pas clitoridiennes ou vaginales, mais elles doivent s'offrir la liberté de pouvoir jouir *jusque* dans leur vagin. S'autoriser cette jouissance est compliqué, car il s'agit non seulement de laisser l'autre entrer en soi mais de s'autoriser, femme soi-même, à jouir précisément de cette identité. La jouissance vaginale est accessible à toutes les femmes. Le droit de s'y refuser est tout aussi légitime. On parle de frigidité. Combien sont-elles, entre frigo et rigidité, à cause d'un article de presse féminine, d'un amant inquiet et peu délicat ou d'elles-mêmes, mises au banc des accusées, tenues de rendre compte de l'infamie dont elles seraient fautives. Quelle barbarie ! Le silence vaginal est aussi l'expression de la plus grande liberté des femmes : celle de ne pas jouir.

Cela étant, si les femmes n'investissent pas leur vagin, comment peuvent-elles avoir envie de la pénétration ? Et si les femmes n'investissent pas leur désir, comment pourraient-elles jouir ? Le travail du thérapeute n'est pas de promettre la « remise en marche » d'une fonction – quelle ignominie doublée d'une franche pantalonnade ! – mais d'aider les femmes à progresser dans la compréhension de leur corps, des pulsions physiques et des interdits psychiques qui sont à l'œuvre dans la sexualité, de les aider à comprendre l'utilité ou l'inutilité des frontières qu'elles se posent, et de leur permettre enfin de définir celles dans le cadre desquelles, désirantes, elles se sentiront libres de jouir ou de ne pas jouir, et de la façon qu'elles voudront. Alors, à la question « où est-ce qu'une femme jouit ? », la réponse n'est pas clitoris, vagin, point G ou anus mais :

« tout dépend du regard que l'on pose sur soi-même et de l'interprétation du geste de l'autre posé sur soi ». Beaucoup de femmes ont fait l'expérience de rêves érotiques. Ces rêves peuvent conduire à la jouissance alors qu'aucun geste n'a été commis. Il en est de même pour les « pollutions » nocturnes des jeunes hommes qui vont jusqu'à l'éjaculation. C'est parce qu'ils ont laissé libre cours à leur imaginaire que ce dernier les a conduits jusque-là. Arrêtons donc de chercher le point par lequel la femme va jouir.

TB *Le sexe à la bouche*

La sexualité, quoi que l'on tente – et ce n'est pas faute d'avoir essayé ! –, ne se laisse pas facilement enfermer dans des représentations rationnelles du vivant. Biologique, pour ne pas dire animale, répondant à l'impératif de la reproduction, associée au principe de plaisir pour en assurer la pérennité, liée aux angoisses générées par le psychisme humain, particulièrement ingénieux et actif en la matière, elle se montre rebelle à tout excès de normalisation. Comment, sans les dénaturer, nous débrouiller de l'instinct sexuel et du désir ? Dans quelle mesure et à quel prix sont-ils compatibles avec le quotidien ou la vie en société ? Or, ils doivent l'être puisque la survie de l'espèce, mais aussi l'épanouissement personnel, en dépendent. Ma pratique en tout cas m'a permis d'observer une chose : ce n'est que dans la connaissance des mécanismes en jeu que l'individu peut se libérer des craintes liées à la pratique de la sexualité.

Il me semble important d'attirer l'attention sur le fait que, de nos jours, à travers les articles des magazines, les bonnes blagues entre copains, ou encore les émissions de radio ou de télévision, on tente de parler de sexualité pour rassurer. C'est une bonne chose mais, incidemment, on banalise les pratiques sexuelles. Durée de l'émission, calibrage des articles ou bonne chute obligent, tout cela tend à dresser un catalogue normalisé. Ainsi, au lieu de tranquillement adapter sa sexualité à sa curiosité, sa pudeur, son corps, ses désirs – et ceci en son temps –, le public, notamment le jeune public, particulièrement curieux et avide en la matière, y entrevoit une sexualité sans tabous ni limites. Il y a quelques dizaines d'années, il fallait embrasser un garçon ou une fille pour ne pas avoir l'air bête devant les copains ou les copines ; il y a quelques années, il fallait coucher, peu importait le désir pourvu que ce soit chose faite ; aujourd'hui, les jeunes gens se sentent devoir tout faire, tout essayer, tout vivre d'une sexualité guidée par le regard et le discours des autres, et non par leur désir, dans une démarche où finalement se lit la destruction du pulsionnel. La sodomie en fait banalement partie mais aussi, par exemple, les pratiques buccogénitales (fellation et cunnilingus). Il me semble très important que chacun veille à son bien-être personnel et ainsi ne s'engage pas, ou pas plus vite qu'il ne le désire, dans des jeux sexuels qui, pour un temps ou pour longtemps, n'évoquent rien pour soi si ce n'est un irrespect de sa personne.

Pour une femme, reconnaître son désir, c'est accepter d'être active. Être active ne signifie pas être agressive ni uniquement être pénétrante, mais aussi être « pénétrée par ». Par l'autre bien sûr mais aussi, peut-être et avant tout, être pénétrée, envahie, submergée par ses propres émotions. Si la jouissance est le point d'orgue de la sexualité, le désir en est la clef de voûte. Point de jouissance sans envie de jouissance. Attrait, aspiration, appétence, soif, envie, convoitise, ambition, démangeaison, exigence, tentation, quel que soit le synonyme qu'on lui donne, ce désir à la fois aspire et pousse. C'est une pulsion puissante qui s'impose et bouleverse. Le désir qui pousse à faire l'amour, qu'il soit le résultat d'un jeu hormonal ou non, tend – puisqu'on ne peut s'y dérober – vers quelque chose d'animal dont il n'est pas toujours facile de s'accommoder. Accepter d'aller vers lui, c'est accepter de relâcher le contrôle extraordinaire du corps si difficilement acquis, c'est accepter cette animalité en soi. Mais relâcher le contrôle ne signifie pas le perdre à jamais.

Parce qu'il pousse par ailleurs à sortir de l'histoire parentale pour assumer son individualité, le désir sexuel place l'individu en face de sa liberté. Paradoxalement, ce désir, né d'une pulsion animale, est donc chez l'humain particulièrement structurant. Aller vers le désir c'est, bien sûr, aller vers sa peur d'être sauvage, mais c'est aussi, dans l'expérience de sa liberté, évoluer. Le désir comme l'orgasme font peur, peur d'être ou de devenir fou, peur du plaisir, peur de la mort, peur d'être dangereux. Quelle Mrs Hyde peut se cacher en nous ? Or, il est très important de le comprendre, la seule destruction à laquelle ces désirs obligent est celle des culpabilités contraignantes dans lesquelles on s'enferme. Les femmes trop souvent ont une position passive. Pour se protéger, mais pas seulement.

On parle de libération sexuelle, mais comment est perçue une femme désirante ? Alors qu'un homme sera qualifié de Don Juan, cruel peut-être mais séducteur, une femme multipliant les aventures, une femme sexuellement gourmande sera, au mieux, qualifiée de mangeuse d'hommes (potentiellement castratrice), au pire de « salope » ou de « pute ». Car les termes employés sont bien ceux là. Quelle autre place leur laisse-t-on ? La liberté sexuelle reste à conquérir. Non pas la liberté de *tout* faire (au risque de se perdre), mais celle de jouir et désirer en toute tranquillité. Toutes celles qui viennent en consultation, toutes celles qui cherchent à s'épanouir sexuellement sont à ce titre des femmes admirables. Loin de la passivité prêtée à leur sexe prétendu « faible », je découvre avec elles une parole neuve, hardie, dynamique. Ni faibles, ni passives, ni trop figées pour agir, les femmes ne rêvassent plus en attendant le Prince Charmant. La sexualité intrigue, interpelle, bouleverse, saisit, emporte, même dans l'orgasme, et pour cette raison fait peur. Mais parce qu'elles veulent découvrir leur plaisir, parce qu'elles veulent savoir pourquoi ça marche ou ne marche pas, parce qu'elles veulent avancer, parce qu'elles veulent leur place, enfin, les femmes désirantes sortent du silence. Elles disent le sexe, les difficultés du sexe, avec difficulté parfois, de nombreux détours souvent, beaucoup de pudeur, mais sans honte. Dans leur bouche, le sexe se met alors à vivre. Le sexe à la bouche, les voilà en marche ! Car le sexe, bien sûr, et pas seulement celui des hommes, est fait pour bouger.

Portraits de femmes

Tout cela ne se fait pas en un jour. La sexualité, en dépit de tous les déballages sur papier glacé ou par écrans cathodiques interposés, reste un sujet tabou qu'il est difficile d'aborder avec les siens, conjoints, parents ou amis. Par la découverte de soi qu'elle suppose, la sexualité se découvre, s'apprend, au fil du temps, des expériences – parfois traumatisantes –, du désir – parfois en berne. Cette découverte est celle que je me suis attachée à décrire au fil des portraits d'Ève, de Jeanne, de Chantal, d'Emma, de Charlotte, d'Aurélie, de Lucie, de Sibylle. Ces femmes sont des femmes comme les autres. Leur démarche est patiente.

Chaque fois une femme parle. Une femme qu'on entrevoit seulement et dont on ne connaît pas toute l'histoire, mais qu'importe. Si j'ai choisi de lui consacrer un portrait dans ce livre, ce n'est pas pour que la lectrice plonge dans son histoire, s'y embarque, s'y attarde et s'y perde, mais pour que, comme mon métier l'exige, elle « associe ». Ce terme, central dans tout processus analytique et thérapeutique, a l'avantage d'apporter la liberté d'écoute et d'attention face à l'histoire d'un ou d'une autre. En l'occurrence, dans ce livre, aucune lectrice ne s'identifiera jamais complètement à Sibylle, Ève, Emma, Lucie ou les autres, mais dans le moment que je consacre à chacune, j'espère que la lectrice glanera des choses qui la touchent et la concernent, des petits bouts d'histoires, des mots, des gestes, des expressions qui lui donneront un peu de lumière sur elle-même. J'aimerais qu'elle se sente libre de circuler à l'intérieur de ces portraits et qu'elle perçoive que le désir, comme les mots, n'est jamais figé ; qu'être à l'écoute de l'autre, ce n'est pas être rivé à ce qu'il dit en s'interdisant le mouvement mais, au contraire, c'est se laisser la possibilité d'entrer dans le mouvement de l'autre, en résonance avec lui. Et de saisir ce qu'ainsi il dit de soi-même.

C'est ma pratique de thérapeute, et ce livre n'a pas voulu faire autrement.

Chantal

« Vous croyez qu'il n'est pas trop tard ? »

Les femmes qu'on force • Solenne et son vaginisme • La ménopause n'empêche rien • La taille du pénis, un faux problème • La peur du vide en soi • Col de l'utérus et baby-blues • Femmes fontaines et lubrification

– Bonjour, madame[1].

Chantal est une dame distinguée d'une soixantaine d'années. Je la salue en retour et, d'un geste de la main, l'invite à entrer. L'élégance de sa démarche, non dénuée d'une certaine théâtralité, me frappe. Le temps de regagner mon fauteuil et je l'imagine parée d'une longue étole que, dans une nonchalance feinte, elle laisserait traîner derrière elle. Voici cinq séances que nous nous voyons et je retrouve sur son visage ce sourire mutin et gêné qui annonce le sujet de sa préoccupation : le sexe.

– Je ne suis pas très à l'aise, m'a-t-elle dit lors de notre premier rendez-vous. Vous devez être très prise et pour moi tout va très bien. J'ai 62 ans. Je suis en très bonne santé. J'ai deux filles merveilleuses avec lesquelles je m'entends très bien. J'ai une petite entreprise qui marche et dont j'adore m'occuper. C'est mon mari qui me l'a léguée, il y a dix ans. Je sors, j'ai des amis. J'ai beaucoup de

1. Les dialogues de chaque portrait ne rendent naturellement pas compte de tous les silences, doutes, hésitations ou mêmes associations qui se font lors des séances. Ces portraits doivent se lire non comme la narration fidèle du déroulé thérapeutique mais comme un aperçu, le moins réducteur possible, du cheminement qui bien souvent dure des mois.

chance. Juste un petit problème : je ne prends pas mon pied !

Je prends note de cette expression dont la familiarité, pour le moins, tranche avec l'élégance de Chantal. Comme si elle voulait se donner des allures de femme libérée. Sans prendre le temps de respirer, elle avait enchaîné :

– Ce n'est pas très important et c'est d'ailleurs certainement trop tard.

Sans me laisser le temps d'intervenir, elle avait poursuivi :

– Pourtant, j'ai un amant parfait. Il est beau, jeune. Il a 46 ans. Il est très gentil et au lit, il fait tout ce qu'il faut, mais rien à faire, ça ne marche pas. Je suis venue à tout hasard. On m'a dit que vous étiez très forte et que vous pourriez faire quelque chose pour moi, alors voilà : qu'en pensez-vous ?

Son interrogation posée, Chantal s'était enfin accordé la possibilité de respirer et je m'étais surprise à m'offrir ce privilège. Moi, déclarée *très forte,* qu'allais-je pouvoir faire pour cette femme qu'un amant idéal n'avait pu faire ? Cette réflexion aurait prêté à rire si elle n'évoquait toute la détresse de nombreuses femmes, impuissantes devant l'insensibilité de leur corps, muet malgré leur désir. La Belle au bois dormant n'avait-elle pas attendu cent ans ? Et perdu autant d'années devant le retard de son Prince Charmant ? Chantal n'avait plus l'âge des contes de fées. Entre les bras de son prince, le plaisir cependant continuait de se faire... désirer. Le corps en alerte, elle m'avait scrutée dans l'attente de quelque miraculeuse recette. La toute-puissance dont elle m'avait gratifiée allait être une illusion difficile à combattre.

Au cours de cette séance et de celles qui suivirent, elle ne me parla d'elle qu'au travers de ce que mari, enfants, amis et amant lui avaient permis et lui permettaient d'être. Selon toute vraisemblance, pleine d'espoir et d'inquiétude, elle attendait de moi ce qui lui manquait encore : le moyen ou l'autorisation d'accéder au plaisir. Bien que, je l'avoue, j'eusse aimé détenir quelques potions magiques, paroles incantatoires, colifichets ou grigris de sorcière, j'avais, depuis quelque temps déjà, renoncé à cette rêverie séduisante mais parfaitement inopérante. Je lui proposai d'en faire autant et de m'en dire un peu plus sur elle, afin de mieux comprendre le regard qu'elle posait sur elle-même, son histoire, la sexualité en général et la sienne propre, ainsi que sur ses rencontres avec les hommes.

De séance en séance, Chantal allait accepter de se prêter à ce jeu. Ainsi s'était-elle mise à raconter sa place d'aînée dans une fratrie de trois filles, trois filles de l'aristocratie, élevées à la baguette, sans effusion de sentiment. Trois filles sans véritable parcours scolaire parce qu'elles étaient des filles. Mais trois filles à marier afin que prospère le patrimoine familial. Elle avait évoqué le couple parental vivant en « bonne intelligence » mais sans grande complicité. Son père brillant mais absent, sa mère froide mais vivant, « secrètement » et passionnément, une aventure extraconjugale. Elle me fit le récit de son mariage à 20 ans, « parce qu'il était temps », parce que c'était elle – l'aînée – qui devait ouvrir le bal des réjouissances et que l'on n'aurait pas su quoi faire d'elle autrement. Un mariage avec un homme brillant, un intellectuel, un peu violent, mais qui lui avait fait deux belles filles et avait pris soin de lui construire la situation qui assurait aujourd'hui son autonomie. Elle avait de la chance, m'avait-elle assuré encore et encore...

Aujourd'hui, malgré son sourire fidèle, je la sens préoccupée. Contrairement aux autres fois, sans attendre d'introduction à la séance, elle se lance :

– À compter de dimanche prochain, j'héberge pour un mois la fille d'une amie. Elle va occuper l'ancienne chambre de mes filles. Depuis leur départ, j'y ai entreposé tout un bric-à-brac dont je ne parviens pas à me débarrasser. Je dois mettre de l'ordre. Eh bien, je n'y parviens pas... Je n'arrive même pas à entrer dans la pièce ! Je m'en sens incapable, il faudrait qu'on m'aide.

Je reconnais, dans sa version symbolique, l'aide attendue énoncée à notre première rencontre dans son « on m'a dit que vous étiez très forte ».

– Cette pièce est-elle à l'image de votre appartement ?

– Non, pas du tout. Sans être maniaque, toute ma maison est en ordre, à l'exception du bordel de cette chambre.

– Que contient-elle ?

– Oh ! rien d'important, des cochonneries du passé !

Les mots choisis par Chantal attirent mon attention. Au fil des séances, j'ai observé combien son langage est châtié quel que soit le sujet abordé, à l'exception d'un seul : la sexualité. Voilà qu'au travers d'une anecdote, « bordel » et « cochonneries » envahissent le lieu de sa génitalité, joliment symbolisée par la chambre de ses filles. Je lui fais part de cette interprétation. Elle ne s'en étonne pas. Ce lien reconnu, je lui propose alors de me parler de ses organes génitaux.

– J'ai, pour ainsi dire, subi les choses. Chez nous, la sexualité n'existait pas. Aucune information. Même entre sœurs, nous ne parlions pas de ce que nous avions fini par comprendre. Comme si savoir était déjà coupable. C'est dans ce contexte que j'ai eu mes règles à 13 ans. Je ne me souviens pas de l'effet de cette découverte ni de ma façon d'en assurer le soin régulier. À cette époque, les serviettes périodiques jetables n'existaient pas. Je ne me souviens de rien, comme si ça n'avait pas existé ou pas vraiment.

Elle s'arrête pour réfléchir au sens de ce blanc de sa mémoire sur le rouge de ses règles, abandonne et conclut :

– Et puis je me suis mariée et j'ai fait des enfants.

Cette dernière phrase, trop courte, ne lui ressemble pas. Je laisse s'écouler le silence. Chantal reste muette...

– C'est donc dans le mariage que vous avez découvert la sexualité ?

Elle s'empresse de me répondre par l'affirmative alors que son regard trahit le doute. Je tente, d'un ton parfaitement neutre :

– Ainsi, le premier homme avec lequel vous avez fait l'amour est votre mari.

– Euh, avant lui j'ai eu une autre relation, mais je ne m'en souviens plus très bien. C'est très vague.

– Quel âge aviez-vous ?

– 17 ans.

– Et ça s'est bien passé ?

Elle hésite :

– J'ai très peu de souvenirs... Je n'ai pas su dire non... Je n'ai pas aimé... Je crois qu'il m'a forcée. Il avait dix ans de plus que moi... Je ne sais pas très bien ce qui s'est passé...

Je comprends, dans ses oublis, ses silences, sa voix tendue et son visage inquiet, que l'expérience a été douloureuse. Je pense à toutes ces histoires qui m'ont été confiées : qu'il ait été question d'agressions, d'abus ou tout simplement de mauvais moments, de mauvais partenaire, leur violence est inadmissible. D'autres métiers que le mien sont amenés à recevoir de telles confidences. Qu'en faisons-nous les uns et les autres ? Les professionnels les plus aguerris sont faits de chair et de sang. Chacun d'entre nous a dû batailler pour se construire et construire sa sexualité. Nous avons tous nos victoires, mais aussi nos peurs. Des peurs, fruits de savantes constructions psychiques sans lesquelles nos victoires elles-mêmes n'existeraient pas. Comment alors écouter, entendre, comprendre, recevoir chacune de ces violences sans renforcer les défenses nées de nos angoisses ? N'est-il pas plus facile de ne pas entendre ou plus souvent, au contraire, de s'emparer de l'une ou l'autre de ces histoires pour en faire la raison de nos craintes, notre cheval de bataille ou l'outil de notre propre règlement de compte ? Combien de fois, au nom de l'urgence, de l'information, de la loi, de la justice, du danger, du serment d'Hippocrate, sautons-nous, les uns ou les autres, à pieds joints sur l'histoire devenue drame ? Que devient le protagoniste ? Après la violence, doit-il subir l'extrême intérêt, la pitié ou la guerre menée par le professionnel ? Dans un tel contexte, comment peut-il se construire au-delà de ce qui le rend « intéressant » aux yeux du soignant, devenu chevalier de sa cause au nom du devoir de protection ou de réparation ? Comment peut-il ne pas érotiser sa souffrance, ne pas se perdre dans cette souffrance qui justifie le lien – du soin, de l'écoute ou de la protection ? Lui laisse-t-on toujours la liberté d'en tirer seul ses conclusions, d'y trouver lui-même une issue ? Comment parvenir à en faire une anecdote, certes douloureuse, mais non Son Histoire, insidieusement confondue avec Son Identité, l'étiquetant Victime ? Dans les faits divers dont les journaux font état et dont nombre de lecteurs se repaissent, sait-on toujours que derrière les fantasmes et la pathologie donnés en pâture se trouvent des êtres humains ?

« Mon cas est complexe, me dit Solenne en guise d'entrée en matière. Je ne sais pas si vous pourrez m'aider. J'ai vu beaucoup de médecins, de thérapeutes. Les uns et les autres ont obtenu des résultats, mais mon angoisse à l'idée même de la pénétration est toujours là. Je ne peux pas ! Pour vous aider, je vous ai apporté tous les comptes rendus de mon vaginisme. » Solenne n'était pas Solenne, mais un cas clinique. C'était ainsi qu'elle se présentait, ainsi qu'elle avait trouvé sa place et créé le lien avec les autres, notamment les professionnels, qui allaient partager les secrets de son corps et de son âme. Comment allais-je à mon tour « l'aider » ? Comment vaincre ce vaginisme à travers lequel elle se sentait exister ? Fallait-il d'ailleurs le vaincre ? Elle se racontait au moyen de son vagin inaccessible et tous, dans une danse macabre, tournaient autour : un mari en attendait les délices de l'ouverture, une belle-famille y guettait la venue d'enfants, médecins et autres thérapeutes cherchaient à en décortiquer le mécanisme. Pendant que tous tentaient d'en forcer l'entrée, Solenne trônait, parée de sa souffrance. Elle m'avait très facilement dressé le tableau de sa douloureuse histoire. Elle l'avait évoquée tellement de fois. Elle était un « accident », sa mère ne voulait pas d'enfants. Pour couronner le tout, le mauvais sort l'avait faite fille. Sa mère avait alors usé de méchanceté et de sadisme à son égard, et plus encore à la naissance d'un petit frère qui, lui, gagnait toutes ses faveurs. Son père prit soin de la protéger. Dans son amour pour sa fille, il réparait sa relation conjugale conflictuelle. De câlins en caresses, il décidait de s'enfuir avec elle... Il était indispensable, bien entendu, que Solenne puisse exprimer sa souffrance et ses colères, qu'elle revienne à sa guise sur son passé violent et incestueux, qu'elle me parle de son symptôme et du « non ! » qu'elle jetait ainsi à la figure de son passé. Mais il était tout aussi important de l'aider à élargir son regard sur elle-même. Comment Solenne, prise en otage, pouvait-elle changer sa vision des choses si personne ne lui en proposait une autre ? J'allais veiller à respecter la fermeture de son vagin qui donnait accès à son intérieur, mais aussi veiller à ne pas répondre à son désir de voir son symptôme brusqué, forcé, dans une stratégie lui permettant de répéter encore et encore la seule histoire qu'elle pensait mériter puisqu'elle se sentait coupable de n'avoir pu s'en défendre enfant. À la fin de ce premier rendez-vous, Solenne avait déposé sur mon bureau une enveloppe cachetée. Je l'avais ouverte sans trop de ménagement quand je compris qu'elle contenait le règlement de la séance. Il ne s'agissait plus cette fois du lien avec des tiers absents, au travers de quelque compte rendu, mais de son lien à moi. Horreur ! Je me vis soudain déchirant le papier pour accéder à mon dû : j'étais entrée dans la danse ! Alors qu'elle faisait mine de ne pas m'observer, je décidai de ne plus ouvrir dorénavant cette enveloppe, dont je constaterais de séance en séance l'évolution. L'aiderais-je à y voir le symbole de son vagin clos ? Lui demanderais-je de l'ouvrir elle-même ? Me donnerait-elle un jour cette enveloppe entrouverte ? Toutes ces questions s'étaient bousculées dans ma tête en la raccompagnant vers la sortie.

Chantal, elle, m'avait donné les quelques indications me permettant de comprendre que sa première expérience sexuelle n'avait pas été tendre. J'avais pris soin de recevoir cette confidence avec simplicité. À présent, il me fallait en respecter le silence, accepter qu'elle ne sache pas ou plus. « Savoir, c'est être coupable », m'avait-elle avertie. Plutôt que me focaliser sur cette douloureuse histoire et vouloir y entendre l'origine de ses difficultés, je préférais attendre qu'elle y revienne à sa guise, à son heure. Dans cette attente, je continuerai l'inventaire des petites et grandes histoires de son sexe.

– Durant votre mariage, comment votre sexualité a-t-elle évolué ?

– Mon mari était un homme brillant, mais côté sexe, ce n'était pas terrible. Tout allait très vite. Il ne s'intéressait pas à mon corps ni à mes sensations. Je ne ressentais pas grand-chose. Qu'il soit éjaculateur précoce a fini par m'arranger. Ce n'est pas comme aujourd'hui. Mon amant prend le temps. Il sait y faire. Il me caresse. Alors je ne comprends pas pourquoi je ne jouis pas. Est-ce moi qui cloche ?

Devant mon silence, elle renchérit :

– 62 ans, ce n'est pas trop tard ? Ne devrais-je pas renoncer ?

– Pourquoi, au nom de quoi ?

– Je ne sais pas ! Peut-être que physiquement ce n'est plus possible.

– Qu'est-ce qui physiquement pourrait vous en empêcher ?

– Je ne sais pas... Mes hormones, peut-être ?

– Les hormones jouent un rôle dans les réactions physiques, c'est vrai, mais d'ici à conclure qu'avec la ménopause, puisque vous l'évoquez, la sexualité et son épanouissement devraient cesser, ce serait confondre sexualité et procréation.

Le plaisir change au cours de l'existence, parce que l'histoire elle-même évolue. À chaque époque ses enjeux et ses craintes. Ce n'est pas tant la chimie hormonale qui diminue le plaisir ou le désir, mais ce que l'on fait consciemment et inconsciemment de ce corps qui vieillit et de l'angoisse que ce vieillissement génère, notamment l'angoisse de la perte ou, plus violemment, de la mort. L'épanouissement sexuel va de pair avec l'épanouissement personnel. Il faut du temps pour l'apprivoiser. C'est au travers des victoires acquises – physiques, intellectuelles, sociales, familiales – et des échecs admis et compris qu'un individu s'accorde la liberté, pour lui-même, du désir et du plaisir sexuels. L'assurance sexuelle irait en augmentant, si le temps ne devenait source d'angoisse. Avec l'âge, les fragilités, les défaillances du corps renforcent les peurs et les doutes non résolus.

– Je ne me suis jamais sentie libre, poursuit Chantal. Je le suis matériellement, mais quelque chose dans mon corps ne s'exprime pas... Oui, c'est ça ! À travers le plaisir, je crois que je cherche la liberté. Aujourd'hui, je devrais y arriver : il a tout ce qu'il faut !

Elle semble passer son bel amant en revue quand elle annonce :

– Son sexe est bien comme il faut !

– Bien comme il faut ?

– Oui, il n'est pas trop petit. Il paraît que la taille n'a pas d'importance, mais est-ce que j'aurais plus de plaisir s'il était plus gros ?

– Qu'en pensez-vous ?

Chantal est un peu désarçonnée, comme à chaque fois que je la renvoie à elle-même. Un peu perdue, elle hausse les sourcils, guettant mon aide. Je l'encourage à prendre le temps de cette utile réflexion d'ici à notre prochaine séance.

Après son départ, je songe avec amusement à la grande question de la taille du sexe des hommes. Toutes les petites histoires sur le sujet me reviennent en mémoire. Puériles, elles retiennent peu l'attention ou font sourire, à moins bien sûr d'anomalies médicales. Pourtant, la question n'est pas dénuée d'un certain intérêt : plus que de la préoccupation du double décimètre, elle pose la question de la mesure de soi et de ses capacités. Question éminemment douloureuse pour certains hommes, élevés dans l'illusion de la performance, confortée par un mode social contraignant et parfaitement cruel. Qu'importe qu'ils soient dans la norme, les hommes vont chercher dans la taille de leur pénis l'assurance de leur valeur et la preuve de leur virilité. « Allez les mecs, bites sur le comptoir ! » beuglait tous les lundis matin le surveillant de Michel, alors pensionnaire de 18 ans. « C'était horrible, une véritable angoisse. Celui qui avait la plus petite était de corvée pour la semaine. L'histoire se jouait toujours entre un autre pauvre type et moi. Plus humiliant que les corvées, c'était le critère de sélection : notre sexe, trop petit ou trop mou. » Cette anecdote, d'une insupportable violence et d'une stupidité crasse, avait conforté Michel dans son sentiment de ne pas être à la hauteur, ou plus exactement à la longueur, d'être un mec. À 50 ans, il comprenait qu'il s'était appliqué toute sa vie à rester dans l'ombre d'un homme plus *grand* que lui : maître, patron, ami... Des hommes à l'image de son père : inégalables. Incapable de devenir un homme, il était resté un fils, sans ambition. Sa sexualité n'avait trouvé d'autre issue que le très occasionnel et l'éjaculation précoce.

La mesure et la comparaison se mettent en place très tôt chez le petit garçon. Après s'être identifié à son père, l'enfant, vers 2-3 ans, âge de l'éveil de la zone érogène sexuelle, entre dans une période de séduction de la mère. Muni de représentations symboliques de sa virilité – épée, carabine, revolver –, il exprime dans ses jeux son « projet d'homme », capable de pénétrer, de défendre, de protéger la mère. La position paternelle qui le renvoie au principe de réalité, mettant ainsi son fantasme en échec, le fait se vivre petit bonhomme face à ce grand adulte et, par ricochet, petit zizi face à un grand pénis qui semble attirer toutes les faveurs de la mère [1]. De ce constat d'échec naît une blessure narcissique que l'histoire personnelle de chacun orientera : soit vers une passivité et une dévalorisation comme chez Michel ; soit vers une agressivité ou un machisme exacerbé à l'égard des femmes ; soit vers une rivalité plus ou moins violente à l'égard des hommes (traduite notamment dans la surenchère de symboles phalliques que la sagesse populaire épingle sans pitié : « petit kiki, grosse moto, grosse voiture, gros muscles... ») ; ou enfin, plus sereinement, vers une ambition pour soi-même et son devenir.

---

1. Cet échec est indispensable et structurant. Il permet à l'enfant de rester à sa place et de ne pas craindre la proximité maternelle.

Au même titre que les signes extérieurs de virilité, auxquels les femmes ne sont pas insensibles, le pénis peut se révéler plus éclatant qu'il n'y paraît ou moins glorieux, mais aussi « efficace ». Il ne faut en effet pas confondre ce que suggère le corps avec ce dont il est capable et, en ce sens, la taille du pénis n'a aucune importance. D'autant plus que le vagin est une cavité dont les parois se touchent pour s'écarter au moment de la pénétration à la taille exacte du pénis qui le pénètre, lui offrant ainsi le moule unique de ses mensurations.

Il serait, toutefois, malhonnête de s'en tenir à cette seule réponse. Petit ou grand, le pénis est accueilli par le vagin avec sollicitude. L'accueil qu'en fait la femme dépend de son imaginaire et de la représentation qu'elle a d'elle-même. Par ailleurs, la femme sent intuitivement un désir dans un lieu « profond » d'elle-même. Situé au « fond » du vagin, le col de l'utérus est en effet un endroit réceptif. Faut-il pour l'atteindre avoir un grand pénis ? Je sens la lectrice – ou le lecteur – frémir : l'absence de plaisir viendrait-elle de cette zone hors de portée ? S'il plaît à certains de le croire – et de s'enfermer dans cette croyance – pour couper court à toute recherche et se rabattre sur le « confort » de cette lacune, en réalité, il n'en est rien. Encore une fois, pénis et vagin, dans leurs dimensions en parfaite adéquation, sont faits pour se plaire. Atteindre le col de l'utérus du bout du gland est une expédition à la portée de tous[1]. Je gage même que ce peut être une quête de plaisir des plus réjouissantes !

1. Cette notion de « fond » est intéressante. Ce terme exprime bien la représentation que les femmes se font de leur vagin. Alors que ce *fond* n'est qu'à quelques centimètres de la vulve, les plus curieuses, qui auront voulu le toucher du doigt, disent très souvent ne pouvoir l'atteindre. Parce qu'il est « trop loin », signifiant ainsi l'irréductible vide en elle ou cet ultime fond d'elle-même à protéger.

Tandis que Chantal, lors d'une nouvelle séance, réfléchissait à l'équation plaisir/taille du sexe, je pensais à ces nombreuses patientes hantées par leur vide intérieur. Ces femmes qui entendent la condition féminine comme l'expression (le résultat) d'une mutilation, d'une castration, d'une impuissance. « Je me souviens très bien avoir pleuré de n'avoir pas de pénis, me confiait Solange. Dès que je pouvais, je faisais pipi debout, et le plus loin possible. Invariablement, mon frère, qui me battait évidemment à plates coutures, se moquait de moi. » Solange, enfant, s'était évertuée, au lieu d'incarner son sexe de femme, à investir ce qu'elle n'avait pas. L'existence de son frère, et celle des hommes d'une façon générale, la renvoyait avec violence au sentiment qu'elle n'était « désespérément qu'une femme ». En grandissant, elle avait, peu à peu, renoncé à sa revendication et s'était placée en position d'incomplète et de blessée que seul un homme tout-puissant allait pouvoir combler ou réparer. Elle imaginait alors avoir besoin d'un grand et gros pénis à la mesure de ce grand et profond vide. Puis, se trouvant pleine de ce sexe idéal sans jamais pour autant accéder à la jouissance, son regard sur elle-même, toujours plus douloureux, racontait la profondeur de son abîme. Solange, comme tant d'autres, attendait d'un superpénis la plus grande des « preuves d'amour », « le don suprême » : réparer chez elle cette injustice en donnant vie à son ventre à travers le plaisir comme, pour d'autres, à travers un enfant. À ces dernières, les rondeurs de la grossesse qui ne manquent pas d'attirer les regards fascinés ou envieux, les mains curieuses et caressantes, les soudaines complicités féminines chargées d'excitation offrent la jouissance d'une plénitude – ô combien agréable et apaisante – enfin reconnue et enviable. Neuf mois victorieux que la naissance de l'enfant vient violemment balayer, puisque le nourrisson récupère à son compte tous les honneurs. Elles se retrouvent alors imparfaites, persuadées de leur incapacité à comprendre et satisfaire leur tout-petit, encombrées de vide et de rondeurs à présent coupables et disgracieuses. Le baby-blues peut aussi raconter la douleur de cette nouvelle « déchéance » les conduisant, pas à pas pour certaines, vers une nouvelle négation d'elles-mêmes. D'autres y entrevoient quelques promesses d'être femme, puisque l'enfant, empruntant le chemin de leur sexe, d'une certaine façon les « révèle » à elles-mêmes non plus dans la réception (passive du pénis) mais dans le don (actif de l'enfant). À propos, certaines femmes s'interrogent peut-être sur l'étrange plaisir qu'elles ont éprouvé en accouchant. Qu'elles ne doutent plus de leurs sens ou de leur santé psychique ! Le col de l'utérus, comme je le disais plus haut, est une zone érogène que l'enfant sollicite par son passage. « Un de mes meilleurs orgasmes », m'avouait une patiente encore stupéfaite.

Malgré toute la richesse de la délicieuse expérience que peut constituer la maternité (Ah ! j'oubliai : la tétée aussi est un plaisir d'une extrême sensualité), elle n'est pas, fort heureusement, l'unique expression de la féminité, son ultime épanouissement, sa raison d'être. Être femme ou homme, c'est avant tout se donner la possibilité d'investir ce qui fait la spécificité de son sexe. Et toute ma tendresse, toute mon attention et tout mon respect vont aux femmes qui, après leur maternité, se retrouvent dans la position de Solange, plus démunies encore, incapables de s'accorder quelque intérêt ou d'offrir quelque capacité à leur sexe. « Depuis mon accouchement, je n'ai plus de sensations pendant l'amour. Je n'ai jamais connu le plaisir mais je ressentais tout de même des choses. Aujourd'hui, plus rien ! J'ai l'impression d'être devenue trop large à l'intérieur, et le pénis de mon mari n'y peut plus rien ! » Évidemment, lors de son accouchement, son vagin n'avait fait que la preuve ponctuelle de son élasticité et non opéré une transformation indélébile. Mais pour Anaïs, être séparée dans sa chair de l'objet de sa jouissance avait remis au goût du jour et amplifié son sentiment de vide, une détresse qu'elle illustrait par une anaphrodisie[1]. Notre travail devait lui permettre de se réapproprier son corps et les sensations de son sexe. Elle allait notamment prendre conscience de sa musculature profonde, lui permettant de serrer le pénis de son mari. « La dernière fois que nous avons fait l'amour, j'ai contracté mon vagin. J'ai senti le pénis de mon mari y répondre. Nous nous sommes amusés... nous nous parlions en morse ! » me dit-elle un jour en éclatant de rire. Elle découvrait qu'elle n'était pas trop vaste, qu'il n'était donc plus trop petit. Après son accouchement, « traumatisant » par la castration qu'il supposait, elle retrouvait des repères rassurants et prometteurs.

Comme Anaïs, beaucoup de femmes n'ont aucune connaissance de l'élasticité et de la tonicité vaginale. Comment le leur reprocher ? Depuis leur toute première fois, leur inquiétude est de ne pas arriver à s'ouvrir. « Décontracte-toi ! lubrifie-toi ! » s'entendent dire celles qui ont du mal à se laisser pénétrer. De décontractées, elles

1. Absence de plaisir.

deviennent passives et veillent à le rester pour être accueillantes.

De leur côté, les hommes, dont quelques nouveaux pères, connaissent au moment de la grossesse, de l'accouchement et/ou de ses « suites » de douloureuses remises en question. Le plus souvent, elles se traduisent par une impuissance passagère. Comment être fier de ce vaillant garde-à-vous qui révèle une taille maximale incapable de rivaliser avec le nouveau-né ? « Je n'aurais jamais dû assister à l'accouchement de ma femme ! J'étais là, quasi entre ses cuisses, la voyant s'ouvrir, s'ouvrir et soudain cet énorme bébé qui s'y frayait facilement un chemin ! » me disait Luc, le teint blême. Il est heureux qu'aujourd'hui, après avoir interdit aux pères l'accès aux salles de travail, puis leur avoir presque imposé l'obligation de leur présence, leur soit enfin donné le choix, c'est-à-dire une place respectueuse de leur désir aux côtés de leur compagne.

Si beaucoup d'hommes et de femmes trouvent leur réassurance dans un gros ou grand sexe masculin, d'autres n'y voient que violence. « J'aime le sexe de mon ami car il est fin, à mes mesures. Il ne me fait pas peur ! » me disait Aurore, une grande jeune femme blonde qui avait toutes les peines du monde à envisager son corps d'adulte. Ainsi quand certaines, craignant l'intrusion destructrice, vont souffrir d'un manque de lubrification et/ou de non dilatation, certains vont mettre en place une éjaculation précoce, une érection molle ou encore une perte d'érection à la pénétration. « J'adore les préliminaires, je lui en ferais des heures. J'aime lui donner du plaisir par mes caresses et mes baisers... après, c'est un autre problème, je n'y arrive pas ! » Henri se délectait de préliminaires dont il avait le secret, mais évitait soigneusement de parler de la pénétration. C'eût été une violence trop grande. Il pouvait effleurer, caresser, palper, mais pénétrer, jamais. « Le mot est si laid ! » Ainsi, des heures durant, il était aux bons soins de sa dame et débandait instantanément dès que s'annonçait cet acte barbare qui lui renvoyait une image de lui des plus sadiques. Qu'il soit gros, grand ou rien de cela, le pénis peut représenter – pour des raisons subjectives – un danger pour celle qui est pénétrée, mais aussi une culpabilité angoissante pour celui qui pénètre. Alors, la taille du sexe a-t-elle de l'importance ? Oui, mais pas la même pour tout le monde. Reste que cette question ne se pose que quand on ne connaît ni jouissance ni orgasme.

Chantal se la posait toujours. Craignant d'avoir été trop loin dans son questionnement, elle préférait la passivité. « Il faudrait qu'on m'aide », m'avait-elle dit un jour en parlant du rangement de la chambre de ses filles. Son malaise se lisait dans sa difficulté à s'installer confortablement dans le fauteuil. S'il me semblait important de la laisser élaborer ses pensées, je décidai pour l'heure de mettre un terme à son silence.

– Comment imaginez-vous votre vagin ?

Elle me dévisage de ses yeux ronds.

– Qu'est-ce qui s'y passe ? De quoi est-il capable ?

– Il s'ouvre et se lubrifie, me dit-elle en rougissant, de ce côté-là, je n'ai pas à me plaindre. Il y en a plus qu'il n'en faut !

– C'est merveilleux. Plus d'une femme se plaint d'un manque de lubrification.

– Oui, mais à ce point, c'est parfois gênant.

Son sourire, mélange de fierté et de gêne, flotte sur son visage. Elle poursuit néanmoins :

– C'est vrai que j'ai de la chance, il n'a pas l'air troublé. Quand ça dégouline entre mes jambes, il trouve ça curieux, parfois même amusant. Il paraît que c'est rare. Je crois qu'on appelle ça les femmes... non, je ne m'en souviens plus...

– Vous parlez peut-être des femmes fontaines ? lui suggérai-je, songeant une fois de plus à ses “trous” où se perdait sa mémoire sexuelle.

– Oui. Ce n'est pas grave, au moins ?

Je lui explique brièvement ce que je sais de ce phénomène. Bien qu'encore controversé, il n'en est pas pour autant inquiétant. Certaines femmes émettent, au moment de l'accouplement ou de la jouissance, une quantité abondante de liquide, sans qu'on sache s'il provient du vagin ou de l'urètre. Ceux qui le prétendent parlent « d'une éjaculation féminine » à l'instar de l'homme qui expulse le sperme par l'urètre. Ce phénomène, bien que l'on commence à en parler, n'est pas très connu du grand public et nombre de celles qui en font l'expérience confondent cet écoulement avec de l'urine. Le vivant comme une anomalie, elles peuvent s'empêcher de jouir pour tenter de l'éviter. Les analyses effectuées prouvent toutefois qu'il ne s'agit pas d'urine, ni de sécrétions vaginales, car ce liquide contient une enzyme que l'on ne retrouve ni dans l'une ni dans les autres, mais qui est sécrétée par la prostate, une glande spécifiquement masculine, responsable de la formation d'une partie du sperme. S'appuyant sur la présence, chez une grande majorité de femmes, de petites glandes situées autour de la partie haute de l'urètre, certains chercheurs estiment qu'elles sont donc l'équivalent féminin de la prostate. D'où l'hypothèse formulée par certains auteurs d'une « éjaculation féminine ». Mais, si l'on observe la présence de ces glandes chez 90 % des femmes, toutes ne sont pas, loin s'en faut, des « femmes fontaines ». De plus, ces glandes sont trop petites pour contenir la quantité de liquide produit. Pour d'autres, cette sécrétion serait due à des diverticules, ou des dilatations de l'urètre, dans lesquels l'urine stagnerait. Cette urine, dont les caractéristiques chimiques seraient modifiées par un séjour prolongé hors de la vessie, pourrait être expulsée lors des contractions spasmodiques des muscles pelviens qui accompagnent l'accouplement et la jouissance. Or, de tels diverticules ou dilatations de l'urètre n'ont jamais été mis en évidence chez les femmes fontaines. Ainsi, à défaut d'explication probante, le phénomène permet toutes les interprétations fantasmatiques de la science. De même qu'il ne manque pas d'alimenter les fantasmes de celles et ceux qui y sont confrontés...

– Quoi qu'il en soit, conclus-je, ce phénomène a le mérite de faciliter la pénétration.

Chantal, éberluée par mes explications et ma « chute », sourit et répond avec fierté :

– Femme fontaine, c'est un joli terme. Quand je pense à certaines de mes copines qui depuis leur ménopause souffrent de sécheresse vaginale, je préfère être une fontaine. C'est joli et pratique. Et le mystère ne manque pas de charme !

Voilà donc que Chantal considérait son vagin avec une certaine tendresse.

– Ça me correspond assez : je suis généreuse. Avec les autres et dans mes rondeurs.

Elle s'assombrit.

– Peut-être un peu trop. Je suis trop gourmande, trop vivante.

Après un instant, elle fond en larmes. À quoi cette brusque peine est-elle due ?

– Je ne sais pas. Je pense à mon mari qui me voit peut-être profiter de ce qu'il m'a laissé et profiter de la vie dans les bras d'un autre, mon mari qui sait peut-être que je l'ai trompé... Ce n'est pas bien ! Je n'ai pas le droit. Je viens vous voir alors que tout va bien. Pourquoi en vouloir plus ?

– Vous n'avez pourtant pas été très heureuse à ses côtés. Votre mariage a été douloureux, m'avez-vous dit.

– Oui. Il était malade... brillant mais malade ! Il se mettait en colère pour un rien et me frappait. J'ai tout essayé, la douceur, la soumission, la fuite, les médicaments pour le calmer... rien n'y faisait. Je n'avais personne à qui me confier. J'ai essayé d'en parler à ma mère. Elle m'a répondu : "À chacune son mari et son devoir." Elle aurait voulu me dire que je le méritais, que c'était ma punition, elle ne s'y serait pas prise autrement. J'ai toujours été vive et insoumise, un peu sauvageonne même ! "Ce n'est pas avec ça que tu réussiras dans la vie !" m'a-t-elle promis un jour.

– Ça ?

– Mes rêves, mes envies, mes joies !

– Autrement dit : vos excitations, vos désirs, vos plaisirs ?

– Oui.

– Est-ce là ce qui vous encombre, le "bordel" qui vous envahit, les "cochonneries" honteuses et coupables dont il faut se débarrasser ou qu'il faut taire ?

– J'ai souvent pressenti le plaisir. Un jour, après la mort de mon mari, j'ai éprouvé quelque chose d'intense. Ce n'était pas l'orgasme mais une jouissance. Oui, une jouissance. Eh bien, j'ai eu peur et j'ai tout stoppé. Depuis, je ne suis jamais parvenue à retrouver cette sensation. Ai-je le droit de la vivre avec un autre homme que mon mari ? Le pauvre.

– Seriez-vous coupable de faire, comme votre mère à votre père, une telle violence à votre mari ?

Chantal se recroqueville. Les coudes sur les genoux, elle pose son visage entre ses mains.

Je songe à une séance précédente au cours de laquelle elle avait parlé de ce père humilié, souffrant, de sa mère, emportée dans ses pensées amoureuses, sourde à sa famille. Chantal, aujourd'hui, s'interdit de jouir. Au nom du devoir conjugal envers un mari défunt. Au nom, aussi, de ses souffrances d'enfant. Que fait-elle des pulsions qui cognent dans son ventre et jaillissent si joliment et si abondamment de son sexe ?

Elle se redresse, passe délicatement une main dans ses cheveux auburn avant de la plonger dans son sac pour en sortir son agenda.

– Pouvez-vous me recevoir la semaine prochaine ?

Emma

« Il n'aime pas mon ventre de mère »

Récréation dans la vie d'une mère • Désir d'enfant et sexualité • Avortements et fausses couches • « On m'a volé ma maternité ! » • Se découvrir pendant la grossesse • Les hommes pendant neuf mois

Depuis quatre mois, Emma arrive chaque semaine, toute guillerette, avec le sentiment d'offrir à sa vie d'épouse et de mère trois quarts d'heure de récréation bien méritée. Ici, il peut enfin être question d'elle et de ses humeurs. Une liberté qu'elle s'autorise, de séance en séance, chaque fois davantage. Elle est venue tiraillée par son absence de jouissance et a, peu à peu, évoqué son désir peu loquace. Elle met la pudeur qui encombre sa sexualité sur le compte de l'exiguïté de son appartement et sur son âme de mère veillant sur ses chères petites têtes blondes. Mais quand vient le temps des vacances, propice à la sensualité, la situation se durcit. Et dès son retour, elle pleure sur une vie de couple fade et menacée par l'agressivité.

Son mari Stéphane, de vingt ans son aîné, vit douloureusement une cinquantaine sanctionnée par une pénible recherche d'emploi. Après avoir occupé des postes importants dans l'univers de la grande distribution, il ne parvient plus, depuis près de six ans, à s'imposer durablement dans une société. À la naissance d'Antoine, son premier enfant, Emma a choisi de ne plus travailler. Les naissances d'Alexandre puis de Benjamin ont été l'occasion de poursuivre l'exploration de son rôle de mère, hors de la sphère professionnelle. Aux reproches de Stéphane concernant sa sexualité, Emma tente d'opposer la légitimité de son rôle, sans y parvenir. Elle a le sentiment de ne pouvoir être que la jeune fille rencontrée quinze ans plutôt, la jeune femme à qui il devait tout apprendre, celle qu'il modelait à son goût. Jusque-là, elle n'avait jamais remis en question les directions qu'il donnait à leur sexualité, et bien que les jeux de rôle érotiques dont il prenait l'initiative la plongeassent dans un profond malaise, elle avait longtemps cherché à se rassurer, mettant sa répugnance sur le compte de son inexpérience et de son immaturité. Mais depuis quelque temps, une peine l'envahit. Ne parvenant plus à se trouver dans cette image de femme soumise à des fantasmes qui lui sont étrangers et qui ne lui reconnaissent aucune liberté, créativité ou spontanéité, elle s'est tournée vers la thérapie.

Elle arrive aujourd'hui tout essoufflée.

– Excusez-moi, j'ai raté le bus, alors je suis venue à pied. Au moins, j'ai fait de l'exercice... Je me suis inscrite à un club de gym il y a trois semaines. Je suis contente, mes cuisses s'affinent déjà... Stéphane ne voit rien. Quand je le lui dis, il me répond : “Et ton ventre ?”... Il n'aime pas mon ventre. Il faut toujours qu'il me fasse ce reproche désobligeant. Lorsque nous nous sommes rencontrés, il passait son temps à me regarder, à me photographier sous toutes les coutures. Son truc, c'était de m'habiller, à commencer par de la lingerie, qui bien souvent me laissait perplexe. Mais ça lui faisait plaisir, alors ! Il m'admirait. J'étais son “fantasme”... En fait, son changement d'attitude date de ma première grossesse. Nous avons attendu presque trois ans pour avoir ce bébé. Il le voulait et, tout d'un coup, il ne le voulait plus... et à la naissance d'Antoine, il se l'est approprié. C'était, d'après lui, son portrait craché. Lui seul savait faire, lui seul pouvait le protéger...

Elle baisse les yeux, comme une enfant déçue :

– Moi, je trouve ça beau, une femme enceinte. J'avais un plaisir fou à souligner mon ventre. Lui, il a détesté. Depuis, il s'en prend toujours à lui. À ma deuxième grossesse, et pire encore à la troisième, il m'a mis une pression folle. Il m'a stressée et me stresse encore...

Ces phrases, commencées sur le ton de la légèreté, sont brusquement rattrapées par les larmes.

– Et vous, l'aimez-vous votre ventre ?

– Oui, ose-t-elle.

Puis, se croyant obligée de se justifier :

– C'est vrai que ce n'est plus mon ventre de jeune fille. C'est normal, j'ai eu trois enfants. Mais il n'est pas abîmé. Il est différent... touchant, même.

– Parce qu'il témoigne de vos grossesses, de votre merveilleuse capacité à faire des bébés ?

– Oui, arrache-t-elle à un sanglot. Stéphane ne me reconnaît aucune capacité, pas même celle d'élever nos enfants. Il faut toujours qu'il me mette en garde comme si, sans lui, je ne saurais pas faire... Je ne suis tout de même pas une petite fille ! ajoute-t-elle, furieuse.

Ces derniers mots faisaient écho à la colère de Sophie : « Nos disputes expriment parfaitement notre malaise. Pour renforcer la cruauté de ses propos, il ponctue ses reproches par un détestable “ma petite fille” ou, pire encore, “ma petite fifille”. À ses yeux, je ne suis ni femme ni mère, mais une fille, une petite fille, voire une très petite fille !... » L'une comme l'autre ne se sentaient pas investies par leur homme en tant que femme capable – capable d'être mère – et voyaient chacune de leurs tentatives d'autonomie sanctionnée par un renvoi à une position infantile. Se rejouait alors pour elles la blessure narcissique vécue lors de la découverte de leur spécificité sexuelle : se vivre réduite, vide, symboliquement castrée, que la promesse d'un futur fertile, du ventre fécond, avait fini par apaiser. La maternité compensatoire ne résout cependant pas toutes les difficultés. Pour Emma et Sophie, les dérapages et les mots maladroits fragilisent une confiance trop peu assurée et contribuent à leur interdire de jouir et faire jouir l'autre de leurs capacités d'être femme. Ainsi, une sexualité muette témoigne-t-elle, pour Emma comme pour d'autres, de ce difficile accès à leur liberté d'être femme sans être mère.

Je repense alors à Sylvaine, qui m'interrogeait sur la responsabilité de la pilule dans sa baisse de libido. J'allais la renvoyer à son gynécologue quand elle m'interrompit. « J'ai essayé de réfléchir à quand remontait la baisse de mon désir... ce ne peut pas être une question de routine. Je n'ai pas moins d'amour aujourd'hui pour Thibault, au contraire ! Il y a deux ans, nous préparions nos vacances, les premières passées ensemble. C'était, pour moi, une joie folle, le vrai début de notre vie de couple puisque au retour nous emménagions tous les deux... On avait préparé ce voyage quelques mois avant. Je ne sais plus comment la pilule est venue dans la conversation. Moi, je ne l'avais jamais prise et même jamais envisagée, il me paraissait normal de laisser mon corps s'organiser de lui-même. Thibault s'en étonna et me dit que c'était plus prudent de me la faire prescrire. Ce que j'ai fini par faire, d'autant plus que mon gynéco était de son avis. Depuis, j'ai beaucoup moins de désir. Je pensais que les vacances relanceraient mes pulsions, mais ça n'a pas été le cas. »

Nombre de facteurs sont susceptibles d'être à l'origine d'une difficulté dans l'éveil et la liberté du désir sexuel : des facteurs physiques, psychologiques ou relationnels, et bien souvent les trois ! Pour ce qui est de l'influence de la pilule sur le désir, les médecins s'accordent à penser qu'elle peut en avoir. En changer permet éventuellement d'en mesurer la responsabilité et de contourner un possible effet secondaire. Ceci étant, peut-on omettre le regard psychologique porté sur la pilule contraceptive ? Il faut d'ailleurs noter que certaines femmes voient au contraire leur libido augmenter. Libérées d'une sexualité sanctionnée par une grossesse, elles s'accordent soudain toute l'étendue de leur sensualité. D'autres femmes peuvent au contraire changer leur regard et leur imaginaire sur une sexualité qui, par la prise d'un anovulant, empêche le désir de maternité, même refoulé. C'était le cas de Sylvaine. Elle voyait dans la précaution de Thibault une retenue dans son engagement, retenue à laquelle elle répondait, inconsciemment, par la modération de ses propres élans. Elle craignait soudain que ses envies sexuelles aient l'impudeur de réveiller son désir de mère, que son corps s'organise à son insu vers un désir non accueilli par Thibault, et même dénoncé par lui. Inhiber la liberté de son érotisme disait son souci de retenir un élan qu'elle sentait inquiéter Thibault. Mais cela racontait aussi sa peine de ne pas être reconnue jusque dans cette éventualité de femme, et sa crainte que son désir s'avère coupable et illégitime.

En avalanche, d'autres témoignages me reviennent : « Je ne suis rien, je n'arrive à rien. Mes relations amoureuses sont des catastrophes. D'ailleurs, il n'y a pas de relation amoureuse. C'est le désert... Depuis que Philippe n'a pas voulu de cette grossesse, quelque chose est brisé en moi. Ce n'était pas le bon moment, c'était même déraisonnable, mais c'est comme s'il n'avait pas voulu de moi. J'ai avorté comme un robot, toute seule... Il m'a dit : "Ce n'est rien, ça m'est déjà arrivé, si tu as besoin d'argent, je suis là", me confiait Camille en sanglots. J'en ai marre d'être le numéro deux, la maîtresse, d'être envisagée pour la bagatelle. Je voudrais me voir femme dans le regard d'un homme. – Si être une aventure, une histoire amoureuse et sexuelle, ce n'est pas être femme, qu'est-ce qu'être femme ? lui demandai-je. – Être le numéro un ! me répondit-elle, surprise par ma question. – Et quelle est la particularité de la femme numéro un ? osai-je à nouveau. – C'est celle de tous les jours... celle des projets. – Quels projets ? – ... Les bébés ! » dit-elle d'une voix à peine audible. Depuis trois ans, Camille avait de la peine. Sa dépression illustrait un sentiment de vide que son avortement avait violemment stigmatisé. Elle ne vivait que dans l'espoir d'une relation amoureuse qui lui redonnerait vie, mais toute rencontre avec l'homme était faite de la terreur d'être jugée indigne d'intérêt et d'amour, indigne de projet. Submergée par sa peur, elle ne savait que se positionner en défense, et chacune de ses paroles prenait des allures de guérilla. Son incapacité à tisser une relation amoureuse racontait son utérus avorté, interdit de lien. La sécheresse de son vagin exprimait ainsi l'interdit imposé à son ventre. Je me souviens d'une séance où, après être restée silencieuse, le menton baissé, le front en avant, elle m'avait lancé, provocatrice : « J'aurais un enfant de trois ans aujourd'hui ! » Alors qu'elle me toisait, se préparant sans doute à faire face à un encouragement au deuil du passé, je lui répondis : « Oui ! Un petit garçon ? Une petite fille ? » Elle avait relevé le menton et, la fierté dans les yeux, comme une maman à côté du berceau de son nouveau-né, elle m'avait affirmé : « Un garçon ! » Un frisson m'avait parcouru le corps.

Quasiment toutes les femmes qui me confient le souvenir douloureux de leur avortement (subi ou désiré) ou de leur fausse couche laissent, malgré le terme de l'histoire, leur imaginaire en continuer la gestation. Certains symptômes évoquent même parfois l'accouchement. Un sexe est souvent attribué à l'enfant imaginé et des petites histoires de la vie quotidienne, les bébés des copines, les sorties d'école croisées sur la route, un enfant perdu dans un supermarché, offrent des occasions de projections permanentes, permettant de visualiser la position maternelle et celle de l'enfant à sa rencontre. Les unes et les autres peuvent être intarissables. Toutefois, je n'ai jamais entendu que ce « bébé », puis cet enfant, ait un prénom. Le nommer, ce serait lui accorder une identité propre. Or, la perte précoce ne permet pas la distance du giron. L'enfant n'existe donc qu'en elles, que partie d'elles, que partie morte ou abîmée, ou encore partie à protéger envers et contre tous. Pour chacune d'elles, il est important que ce bébé existe, au moins dans nos séances, afin qu'il soit reconnu, et que leurs capacités en soient de même. À cette condition seulement, elles semblent pouvoir y renoncer et s'ouvrir à la vie de nouveau, dans leur ventre et dans leur sexe. À la condition d'être reconnues et ainsi aimées jusque dans leur possibilité de procréation, elles peuvent envisager la réhabilitation – réintégration – de leur intérieur, de cet intérieur merveilleux, capable de la plus grande des magies : transformer du sperme en bébé, et de la sexualité en plaisir orgasmique.

« Je suis allée voir mon gynéco pour vérifier que tout allait bien, puisque je n'arrive pas à tomber enceinte, me confiait Astrid. Il m'a fait passer une batterie de tests... Ce n'était pas marrant, mais j'ai été tellement heureuse quand la radiologue m'a dit que j'avais un très bel utérus, et des trompes en bonne santé. C'est idiot, mais j'étais fière... Pourtant, le gynéco, après s'en être lui aussi "émerveillé", m'a donné l'adresse d'un spécialiste de la stérilité et m'a proposé de réfléchir à l'insémination... Cela m'a fait très mal. Je sais qu'il me suggérait un coup de pouce, mais c'est comme s'il ne me sentait pas capable de faire un bébé moi-même. Comme si on me volait quelque chose de précieux ! Comme si je n'y avais pas droit ! » dit-elle en pleurant. Des larmes et des larmes encore.

Soudain, Emma reprend :

– On m'a volé ma maternité, c'est ça ! dit-elle, satisfaite de sa formulation, Stéphane me vole ma maternité. Il s'accapare tout ce que je suis et qui pourrait lui échapper. À l'image de notre appartement où je n'ai aucun moyen d'intimité. Pas de verrous. Dans la chambre, la cuisine, la salle de bains, même aux toilettes, je ne suis jamais sûre d'être tranquille ! Ma seule vie secrète : mes pensées, que je dorlote en attendant...

– En attendant quoi ? demandai-je.

– Je ne sais pas... plus d'espace pour moi, pour m'exprimer... Quand Stéphane a connu sa première période de chômage, je travaillais encore. Il occupait seul la maison et s'est mis à tout réorganiser. Il ne s'agissait pas de simples rangements mais de vrais bouleversements. Je ne retrouvais plus rien. C'était *sa* maison. Aujourd'hui, je crois qu'on se dispute une place... ou plutôt ma place. Je réalise qu'il a peur de trouver un boulot qui l'éloignerait de la maison et des enfants, et qui me rendrait mon rôle légitime.

– Est-ce pour cela que vous n'envisagez pas de reprendre une activité professionnelle, lui préférant une douloureuse promiscuité ? Lequel de vous deux doit céder ou craquer ? Vos rôles de femme et de mère ne peuvent-ils s'exprimer qu'entre les murs de votre appartement ? Que raconte ce bras de fer, quel sens a-t-il ?

– Je ne sais pas... Petite, je jouais assez bien du piano. Papa d'ailleurs avait remarqué mon talent, si bien qu'il était question de me faire suivre des cours plus sérieux. Papa, qui avait un goût prononcé pour la musique, y était particulièrement attaché. Toujours est-il que maman s'y est fermement opposée. Elle ne devait pas aimer ce truc qui lui échappait. Elle s'est contentée de dire que je n'en ferais rien. Aujourd'hui encore, elle refuse de reconnaître qu'elle n'a jamais vraiment cru en moi. Quand je lui ai présenté Stéphane, elle s'est empressée de me jeter dans ses bras, disant qu'il saurait veiller sur moi. Vous imaginez, c'était son souci, qu'il veille sur moi comme sur une enfant, et non que je m'épanouisse auprès de lui en tant que femme ! Depuis que je suis mère, je n'ai pas trouvé plus de crédit à ses yeux. Quand je lui demande de garder les enfants, elle dit qu'elle n'a pas le temps. Elle ne veut pas remplir son rôle de grand-mère. Comme si mes enfants ne l'intéressaient pas plus que ça.

– Vous voulez dire : comme si elle ne reconnaissait pas vos créations ?

– Oui ! Il n'y a que ce qu'elle fait qui est bien, ou digne d'intérêt !... Mes enfants l'épuisent ! répondit-elle, en colère.

Cette lutte masquée entre mère et fille, que la difficile relation de couple avait mise en évidence, me rappelait les propos de Rachel : « David s'est dégonflé, il ne veut plus me faire de bébé. Il dit qu'il a passé l'âge, qu'il a des enfants, que ses filles sont grandes et que c'est à leur tour de faire des petits. Pour moi, c'est donc fini. C'était ma dernière chance... Depuis, comme par hasard, mes cycles font n'importe quoi... La préménopause, m'a dit le médecin en souriant... Je l'aurais giflé ! Hier encore, j'étais une jeune fille, me voici tout à coup une vieille femme, ou plutôt une femme sèche. Je n'ai jamais été une vraie femme dans le désir d'un homme. Je n'ai été qu'une copine de jeu... Quand je pense que je suis tombée enceinte à 22 ans, et que ma mère s'est opposée catégoriquement à ce que je garde l'enfant. Ce n'était pas le moment, il me fallait attendre, mon heure viendrait. Pour elle aussi je n'ai pas été une femme. Sa fille seulement ! Je n'ai pas eu voix au chapitre. Elle a fait les démarches pour me faire avorter. Je ne me suis pas rebellée et voilà où j'en suis vingt ans plus tard !... Mon heure n'est jamais venue et je suis toujours la fille de ma mère ! »

Accéder, symboliquement ou dans le réel, au pouvoir d'être mère, c'est se départir de son rôle de fille auprès de sa propre mère. Renoncer à sa position d'enfant, c'est faire la preuve de sa capacité à se porter soi-même. Mais c'est aussi goûter à un pouvoir et une fonction dont la mère est l'unique modèle de référence. Emma comme Rachel semblaient entendre dans le veto maternel un désir mis au banc des accusés, car coupable de violence. Comme si pour devenir mère il fallait s'emparer du pouvoir de la sienne, la détrôner, la tuer fantasmatiquement en la rendant grand-mère. (On peut comprendre dès lors l'absentéisme de certaines grands-mères. Mesdames, ayez quelque indulgence !)

Dans ses relations amoureuses, Rachel ne parvenait pas à se sentir libre de son érotisme et de sa sensualité. Elle était invariablement submergée par la peur qu'une autre femme s'empare de son amour, une jalousie qui la mettait toujours sur ses gardes et la figeait dans une attitude froide et distante. Elle projetait ainsi sur ces autres femmes son propre désir inconscient à l'égard de sa mère. Un désir coupable sur lequel la décision de la faire avorter s'était posée comme un interdit, et que plus tard les refus des différents hommes de sa vie dénonçaient à leur tour. Être mère ou reconnue capable de l'être, c'était donc être une grande, une femme libre, et la condition nécessaire au droit de jouir de sa sexualité.

Pourtant, pour Rachel comme pour beaucoup d'autres femmes, la question n'est pas tant d'avoir un enfant – l'idée d'un bébé est d'ailleurs souvent une question bien abstraite, voire effrayante – que d'être reconnue dans cette aptitude. Elles cherchent à s'assurer jusque dans le regard de l'autre, parental ou amoureux, que leur ventre n'est pas vide, mais bel et bien riche de promesses, capable, enviable et reconnu. « J'aimerais tant, me disait Karine, que l'on m'aime enfin pour moi, pour ce que je suis au fond de moi... pour mon for intérieur », surenchérissaitelle, la main sur le ventre. Karine, Emma ou Rachel racontaient leur souffrance de n'avoir pu trouver dans le regard et le discours maternels la reconnaissance et l'accueil de cet intérieur et de ses capacités. Se rejoue dans leur vie amoureuse la violence de l'interdit dont elles ne parviennent pas à s'émanciper et qui les fait adopter une attitude de soumission, jusque dans leur sexualité, afin de se protéger de la culpabilité à laquelle leur désir les aurait, une fois encore, renvoyées.

Et voici, comme un rayon de soleil, que je repense à la joie d'Anaïs, à ce lumineux regard d'une jeune femme tombée en amour, comme disent si joliment les Québécois : « Hier je suis sortie avec un garçon. Il m'a fait un compliment tout bête, il m'a dit tendrement qu'il ne doutait pas que je serai une supermaman. Je ne sais pas pourquoi cela m'a émue à ce point, il n'était pourtant pas question de lui et de moi. J'ai été profondément touchée. »

Je faisais ainsi des sauts de puce de patiente en patiente. Ma mémoire, comme un ordinateur sur lequel on aurait tapé *être femme/être mère*, avait actionné son moteur de recherche et ne cessait de m'envoyer les histoires des unes et des autres. Combien de femmes avais-je entendu évoquer leurs grossesses réelles ou imaginaires, impossibles, interdites, échouées ou interrompues ? Et heureusement combien d'autres, comme Anaïs, exprimaient les délices d'y être reconnue légitime ? Y en a-t-il seulement une qui omette ce sujet ? Mes souvenirs se bousculent, s'entrechoquent, veulent absolument parler, crier plus fort que le voisin. Douce ou douloureuse, concrète ou imaginaire, chacune de ces histoires souligne l'incontournable étape du devenir femme et ainsi toute sa place dans l'expression sexuelle.

Emma, sortie de sa colère, interrompt mes réflexions :

– Les premiers mois de mes grossesses, j'avais envie... vraiment envie de faire l'amour. Je me souviens que je faisais de nombreux rêves érotiques. Il m'arrivait même la nuit d'être réveillée par un désir sexuel. Je me sentais libre dans mon corps. Je me promenais toute nue sans complexe. C'est d'ailleurs à l'occasion de ma première grossesse que j'ai découvert de nouvelles sensations, comme si quelque chose s'était débloqué... Je crois que j'étais en train d'accéder au plaisir... Aujourd'hui, tout cela a disparu, conclut-elle en se refermant comme une belle-de-nuit devant les premiers rayons du soleil.

La grossesse est une spectaculaire métamorphose physique qui implique une réorganisation psychique. Comme au temps de l'adolescence, la femme doit réajuster son regard sur elle-même, sur son corps et sa place au sein de la société. La maternité représentait pour Emma la reconnaissance familiale et sociale. Fini le temps de la petite dernière, après quatre frères et sœurs, fini aussi celui de la petite jeune femme et son mentor. Plus de doute, elle était une Dame. Elle se l'entendait enfin dire dans les magasins et le lisait dans les regards envieux ou complices des autres femmes dans la rue. Fini aussi cette dictature de la minceur, elle pouvait sans rougir faire acte de gourmandise et son érotisme s'exprimait de même. L'arrondi de son ventre officialisait sa sexualité. Elle n'était pas vide. Elle était belle... et bien pleine, réparant ainsi le fantasme du manque.

Soudain plus attentives à leur intérieur, cherchant en elles les signes de la vie en gestation, plus rassurées quant à leurs aptitudes, certaines femmes découvrent ainsi l'éveil sexuel à l'occasion de leur grossesse. Elles découvrent leur creux vaginal plus gonflé que jamais, accueillant, humide et chaleureux. Leur corps les rend généreuses, leurs seins en font la promesse et les voilà dans la liberté du don d'elle-même. D'autres, ou les mêmes, semblent enfin donner un sens à leurs courbes et leurs rondeurs. Les mois passant, leur sexe disparaît, caché par un ventre lunaire révélant parfois, si cela n'était pas déjà le cas, la difficulté à délimiter l'organe de reproduction de l'organe sexuel. Ainsi, les confusions qui vont bon train ne manquent pas d'inhiber chez elles (et plus souvent chez leur mari) la tranquillité des ébats. Je ne résiste pas, à ce sujet, au délicieux souvenir d'un dîner entre amis. Nous étions trois couples à table et parlions très sérieusement d'enfant quand, tout à coup, la maîtresse des lieux, enceinte jusqu'aux yeux de son deuxième garçon, lança dans la plus grande simplicité : « Tout de même, quand on y pense, c'est une drôle d'idée de rester neuf mois dans le vagin de sa mère... On peut comprendre ce fameux complexe d'Œdipe ! » Brusquement plongée dans des fantasmes inconscients – que notre hôtesse exprimait par sa confusion (in)volontaire entre le vagin et l'utérus –, l'assemblée resta médusée.

Au cours de la grossesse, la sexualité peut rencontrer des difficultés à trouver toute la latitude de son épanouissement. C'est parce qu'elle s'organise dans une zone voisine de la matrice, parce que sa jouissance ne se limite pas aux frontières du vagin mais qu'elle irradie notamment tout le ventre, et parce qu'elle est à l'origine de la grossesse. Elle devient même tout naturellement source d'inquiétude ou met en lumière nombre d'angoisses jusqu'alors tues. « J'ai des contractions quand je fais l'amour et j'ai peur d'avoir mal », me disait Julie, enceinte de cinq mois. Sa grossesse était l'occasion de raconter sa peur d'accueillir son ressenti sexuel. Cette période où elle avait davantage conscience de ses sensations internes avait dévoilé cette crainte. D'autres me disent plus souvent : « Je n'ose pas faire l'amour, car j'ai peur de faire mal au bébé. » Toute à sa nouvelle fonction de mère, la femme est dans le besoin de vérifier son aptitude à ce nouveau rôle : saura-t-elle être une bonne mère, attentive, comblante et rassurante ? Afin d'apporter une réponse positive à cette inquiétude, elle n'a de cesse qu'elle ne s'organise, dans le contrôle de l'intendance bien sûr, mais aussi, et surtout, dans le contrôle d'elle-même. Elle redoute, plus que jamais, ce qui à son insu pourrait jaillir d'elle, la révélant dangereuse ou malveillante à l'égard de son enfant. Cette crainte met alors au jour une confusion entre les pulsions sexuelles et les pulsions agressives. Du coup, plutôt que de laisser émerger une quelconque violence perçue comme destructive, mieux vaut bannir la sexualité. Au nom de l'enfant, c'est aussi l'occasion de mettre en mots le regard porté par la femme sur la pénétration qui, en raison de cette confusion, prend des allures d'assaut. Souvenons-nous de ce fameux « Ah ! au moins, pendant ma grossesse, mon mari m'a respectée » qu'il m'arrive encore quelquefois d'entendre dans mon cabinet. Le psychisme masculin n'est pas exempt de cette confusion. Ainsi arrive-t-il à l'homme de soupçonner son expression sexuelle d'un possible sadisme inconscient. Il se protège alors, dans une autocensure de son érection ou de son désir, du risque imaginé d'abîmer ou de souiller son tout-petit.

Chez la femme encore, la peur d'être malveillante, qui souvent fait l'objet de cauchemars, raconte aussi une autre peur, celle d'être envahie par la grossesse, un fantasme mû par une confusion entre fécondation et contamination que l'on retrouve au hit-parade des films de science-fiction. « C'est étrange ! Quand j'ai vu mon test positif, j'aurais dû me réjouir, nous attendions depuis si longtemps. Mais j'ai fondu en larmes. Je suis allée me blottir dans le lit. Sylvain est venu vers moi, je l'ai repoussé. Je ne sais pas pourquoi tout me dérangeait soudainement en lui : son odeur, sa peau, sa voix. Tout m'agressait. Je me sentais mal et sa présence m'était insupportable. Depuis, je me suis apaisée, mais je ne parviens pas à avoir envie de lui. L'idée de son sperme me dégoûte », me disait Suzy, qui racontait par ailleurs, au travers de grippes et d'angines à répétition, sa peur d'être envahie, contaminée. Sophia, quant à elle, se sentait débordée par l'angoisse de ne plus être elle : « C'est horrible, je ne me reconnais plus, plus rien ne me va, je ne sais pas comment m'habiller pour ne pas faire mémère. Hier, je me suis découvert un nouveau rire. Le pire, c'est que j'ai reconnu celui de ma mère. J'ai l'impression de devenir elle, de devenir tout ce que je ne veux pas être... Le week-end dernier, je faisais une réflexion à mon mari et ma mère s'est écriée de la cuisine : “Je crois m'entendre, et dire que tu me critiquais, tu vois que tu y viens”, a-t-elle conclu, victorieuse... En plus de ça, mon mari m'appelle “maman”. C'est peut-être gentil de sa part, mais ça m'angoisse. Et ma belle-mère me persécute de ses conseils pour être parfaite... comme elle. Je ne sais plus qui je suis, je me sens comme engoncée dans un vêtement qui n'est pas fait pour moi. »

Autour de la grossesse, chacun exprime ses projections, appropriations et autres revendications. Dans ce contexte de lutte de pouvoir, Sofia, trop peu assurée, y perdait ses repères et ne parvenait pas à apprécier sa grossesse et à s'y sentir libre. Elle se sentait prisonnière d'un corps devenu le projet d'un(e) autre, et ne pouvait dès lors en entendre les désirs. D'autres, tout à la gloire de cet accès à la maternité, fantasment au contraire une position de toute-puissance. « Je n'ai pas envie de mon mari... À bien y réfléchir, rien ne me manque. J'ai tout ce qu'il me faut ! » me disait Judith en riant. Son rire traduisait sa vindicte et sa victoire de femme. À la lumière de sa grossesse, elle interprétait son désir sexuel « d'avant » comme l'expression d'un vide, d'un manque qui, désormais, était caduque. Elle était pleine et comblée. Je m'autorisais une pensée pour son mari dont j'imaginais volontiers la souffrance de ne plus parvenir à trouver un rôle et une place dans un couple homme/femme déchu, qu'illustrait une sexualité inexistante, au bénéfice du couple mère/enfant dont il était exclu.

Nombre d'hommes vivent inconsciemment (et parfois pas si inconsciemment que cela) le temps de grossesse comme le résultat d'une castration symbolique opérée par leur femme. « Ma femme ne parvient pas à tomber enceinte. Invariablement, tous les mois, elle annonce le jour J, me grimpe dessus et... fait son affaire. Nous ne faisons pas l'amour, elle se fait un enfant. Je la vois se trémousser dans tous les sens pour me contraindre à l'éjaculation... Je me demande parfois comment j'y arrive ! Bien sûr, moi aussi je veux un bébé, mais quelque chose me déplaît. Je ne sens pas son amour pour moi, mais une espèce de revendication à s'emparer de quelque chose que je détiens. Les jours qui suivent, j'ai l'impression de ne plus compter, je me sens transparent... jusqu'au mois suivant ! » concluait Charles. Un sentiment qui lui offrait a contrario quinze jours de répit pendant lesquels il se sentait en possession d'un bien précieux – expression de sa virilité – tant convoité par sa femme dont l'ovulation à venir exigerait de nouveau le don. Au terme de ce long bras de fer, il faut souhaiter que l'un et l'autre s'apaisent suffisamment pour s'offrir le bonheur de la création d'un enfant. Ce temps venu, il faudra que Charles trouve en lui les ressources nécessaires pour admettre la distance entre son fantasme de castration (lui aussi au hit-parade des fictions romanesques et cinématographiques) et la réalité de sa position d'homme et de père à venir.

Certains pères, débordés par leur angoisse, connaissent un état dépressif. D'autres redoublent d'énergie – dans un déchaînement sportif, professionnel ou dans des relations extraconjugales, par exemple – pour vérifier leur virilité. D'autres encore tendent à se castrer eux-mêmes et s'interdisent l'expression de leurs désirs et de leur virilité afin de se protéger d'une sexualité avec une femme devenue, dans leur perception, trop évidemment et exclusivement mère. Ce qui leur fait craindre une sexualité incestueuse. On peut comprendre ainsi tous ces départs ou, selon les termes féminins, toutes ces fuites d'hommes perdus, ne parvenant plus à faire face à leurs angoisses ou trop niés entre la mère et son enfant. À l'un comme à l'autre des parents en devenir incombe le délicat deuil de l'illusion de la relation duelle et du désir de fusion. Un renoncement qui oblige plus que jamais à ré-envisager son individualité et sa position d'adulte, où l'homme et la femme ont à trouver leur place – place de l'amante/mère et de l'amant/-père – afin que s'installe la cohérence de leur foyer. Une nouvelle occasion pour chacun des parents d'accoucher, outre de l'enfant, de lui-même. N'est-ce pas à cette condition qu'ils peuvent de nouveau et peut-être mieux que jamais s'offrir l'un à l'autre en toute liberté ?

Emma avait abandonné sa moue boudeuse. Je suivais le murmure de son monologue intérieur en me laissant guider par ses froncements de sourcils. Elle se triturait les mains sans douceur quand elle reprit la parole.

– Mon mari a-t-il vraiment envie que je jouisse ? s'interroge-t-elle à haute voix. Je réalise qu'il n'investit de moi que ce que ma présence lui permet d'être : être père ou plutôt mère à ma place, se sentir jeune, jouer avec moi comme à la poupée, vivre dans le confort d'un foyer et la place sociale qu'il offre. Le plus fou, c'est que j'ai longtemps cru qu'il me faisait être, qu'il me permettrait de me découvrir !

– Vous aviez donc la même attente que celle que vous semblez identifier chez lui et que vous lui reprochez.

– Mais c'était lui l'adulte ! lance-t-elle brusquement.

– L'adulte ? L'adulte qui aurait dû vous donner la permission ou qui aurait dû vous faire grandir ? Est-ce là le rôle d'un mari ?

– Je repense à un très beau film italien, dit-elle d'une voix émue. Une jeune femme joue du piano avec passion quand elle remarque qu'elle est observée par un homme. Elle s'interrompt, gênée de s'être montrée sous ce jour. L'homme s'approche et lui dit avec tendresse : “Le jour où votre vie s'accordera avec votre façon de jouer du piano, ce sera intéressant !"... Et c'est ce qui va se passer pour elle... J'avais 22 ans. Un après-midi, un ami est venu frapper à la porte de mon studio. Je ne l'attendais pas. J'ai ouvert, en jean, pas maquillée, les cheveux en bataille. Ses yeux se sont illuminés et il m'a lancé : "Que tu es belle, tu rayonnes !" Il ne s'est jamais rien passé entre nous. Pourtant, il reste ma plus belle histoire d'amour. Car lui seul a su lire, voir et croire en moi. Je pense sans cesse à lui en ce moment... Parfois, je me surprends à envisager l'achat de bibelots, d'objets de déco qui ne correspondent pas à ma vie actuelle, un peu comme si c'était pour après... pour un autre... pour quand je serai grande.

– Ne l'êtes-vous pas ? Pas encore ? Qui ou quoi vous en empêche ?

Emma baisse à nouveau la tête et reprend sa mine de petite fille fâchée :

– En ce moment, ma mère m'exaspère. Je sens que ma démarche, ici, la perturbe, l'oblige à se remettre en question, mais elle ne veut pas reconnaître ses erreurs, elle passe son temps à se justifier.

Voilà quelques séances déjà qu'Emma glissait sans transition des reproches à l'encontre de son mari à l'expression de sa colère à l'égard de sa mère. Sa grande difficulté à s'émanciper hors du giron maternel se rejouait aux côtés de Stéphane. Dans les propos de son mari, comme avant lui dans ceux de sa mère, elle entendait qu'elle n'était ni femme ni adulte, qu'elle n'y était pas autorisée, que ce potentiel-là n'était pas reconnu. Je comprenais qu'il lui faudrait encore du temps pour renoncer à cette attente, rêvée dans un ailleurs ou auprès d'un autre. Du temps pour abandonner la petite fille d'hier et accepter ses aptitudes et sa légitimité de femme. Du temps pour s'autoriser l'autonomie. Du temps surtout pour comprendre qu'aucun interdit n'a été posé, que seules ses peurs en tirent les ficelles, offrant un pouvoir disproportionné à des anecdotes et lui en donnant une lecture trop souvent travestie. En devenant mère, il lui avait fallu se repositionner vis-à-vis de ses propres parents, ce qui avait entraîné, comme c'est très souvent le cas, une période conflictuelle. Pour Stéphane aussi, il avait été question de repositionnement et les rouages de ses mécanismes psychiques manquaient également d'un peu d'huile. Comme dans un jeu de chaises musicales, chacun, tout excité par cette nouvelle aventure, avait perdu ses repères pour gagner sa nouvelle place et, pour chacun, l'autre en était la cause.

Si Emma se soumettait à un interdit, les peines de son sexe lui permettaient d'officialiser sa colère. Une colère qui disait son désir, celui d'être une femme, enfin.

Jeanne

« Je ne sens rien, je simule »

La bande des copines • Ni révélation ni recette-miracle • Micro-trottoir : « Et vous, votre femme, elle simule ?- Non. » • Sexualité infantile et soumission • Dessinez-moi votre sexe • La masturbation, c'est vulgaire • Vagin, chatte, minou, abricot, choupinette, foufoune, chounc ct autrc pacholine

Arrivée en avance, comme à son habitude, Jeanne patiente sagement assise dans l'entrée. Jeans, tennis, petit pull et queue de cheval, le nez plongé dans un livre, elle a tout de l'étudiante consciencieuse. Veillant à ne pas faire claquer sur le parquet des talons imaginaires, elle gagne sur la pointe des pieds sa place dans le fauteuil. Ni étudiante ni danseuse, Jeanne est médecin généraliste et son corps gracile ne laisse pas soupçonner ses 32 ans.

– Je fais partie d'une bande de copines, m'a-t-elle annoncé lors de notre première séance. Chaque jeudi, nous dînons entre filles. Notre sujet de prédilection, c'est la sexualité. De plaisanteries en petites histoires, nous nous livrons, les unes et les autres, avec sincérité. Conseils, trucs et informations circulent. Pourtant, certaines questions restent sans réponse. Et comme je suis le médecin de la troupe, c'est moi qui suis chargée de m'y coller. Alors je viens vous voir.

La belle affaire ! J'ai l'habitude de recevoir des femmes envoyées en éclaireur par leur mari, mais mandatées par un groupe d'amies, c'était la première fois ! Je me suis mise à imaginer la petite bande, qui s'échappe du travail les jeudis soir, évite la maison pour ne pas s'y faire piéger et se hâte vers le lieu de réunion – foie gras maison, tarte à l'oignon, salade du marché aux fruits secs mélangés, farandole de fromages et fruits à la nage, ce « club des cinq » œuvrant à préparer la bonne chère indispensable à une bonne réflexion. Le dîner savouré, les recettes échangées, le quotidien raconté, les papilles et le ventre repus, s'étalent enfin sur la table les derniers articles de la presse féminine où s'affiche, en énorme et surligné, le mot *sexe*. Elles dépiautent les articles, lisent les témoignages – qui sont sommaires, faute de place – et, fortes de leurs réflexions et de leurs expériences personnelles, elles complotent à la recherche d'un atout irrésistible auquel leurs hommes ne pourraient que succomber. Les unes auprès des autres, tour à tour riches d'une découverte faite hors du cercle et impatientes de la transmettre ou portées par la curiosité, elles écoutent celle qui détient la réponse et se montrent bonnes élèves. Elles attendent la révélation. Chacune, réparant la fille et apprenant à devenir mère, s'emploie à restaurer son image de femme. Pourtant, le temps passant, de jeudi en jeudi, leurs réunions ont pris l'allure de ces feuilletons aux multiples épisodes qui promettent chaque fois un dénouement imminent mais qui, immanquablement, le diffèrent. Jeanne me parlait de leur dépit. Cependant, aucune ne renonçait. Mais renoncer à quoi ? Je sentais l'urgence qui affolait ces femmes, urgence qui se manifestait dans cette exaspération de plus en plus perceptible : l'orgasme ! Le vivre ou ne pas le vivre, tout pour elles se résumait à cette alternative ! Je me demandais comment ce petit groupe uni dans la chasse au trésor s'organiserait, ou se désorganiserait, à la découverte de la première pépite. Comme l'amante, en elles, tardait à mettre ses talents à jour, il leur avait paru indispensable de passer à la vitesse supérieure. Ces jeunes femmes se sont donc succédé dans mon cabinet, cherchant l'une après l'autre sa propre dynamique. Il ne s'agissait pas d'une thérapie de groupe et je veillais d'ailleurs à respecter leur individualité, refusant d'entrer dans le jeu des confusions où elles auraient parfois voulu m'entraîner. Je n'étais pas, par exemple, la mère regroupant la fratrie.

Les unes après les autres, elles prirent donc rendez-vous avec moi [1]. Ainsi fis-je la connaissance de Claire, Agnès, Marlène et Audrey. Ainsi eus-je l'occasion de mieux comprendre cette touchante communauté féminine qui, solidaire, cherchait ensemble les explications que leurs mères n'avaient pu ou su leur apporter. Chemin faisant, chacune comprit qu'elle ne trouverait ni mode d'emploi, ni manuel technique, ni révélation, mais juste une liberté possible, avec ses détours, ses chicanes et sa singularité absolue.

Jeanne, depuis quelques séances, s'emploie à explorer l'idée qu'elle se fait des attentes de son compagnon et de ce qu'il perçoit d'elle. Elle se plaint d'une lubrification peu satisfaisante qui, selon elle, trahit sa difficulté à prendre du plaisir et qui, malgré ses efforts pour faire diversion, n'a certainement pas échappé à son homme. Ils n'ont pourtant jamais abordé le sujet, d'autant plus que la pénétration ne présente pas de difficulté. Jeanne sent le pénis de Sam se faufiler aisément en elle, mais ensuite, plus rien ! Elle en perd la trace. Pas la moindre perception de la présence et des caresses de ce sexe d'homme contre ses

1. Chacune de ces patientes connaissait la démarche de l'autre.

parois vaginales. Pour cacher le silence de son vagin, elle s'applique à jouer la comédie attendue. Et pendant qu'elle s'essaie aux vocalises de l'amour, elle peste intérieurement parce qu'elle ne ressent rien, pas même la moindre « petite douleur » ! Dans l'attente de voir ce pénis révéler son intérieur, comme un pinceau trempé de plaisir ou de déplaisir (mais qu'importe pourvu qu'il dessine le creux de son antre), Jeanne étouffe ses désirs.

– Je suis rassurée de savoir que d'autres simulent, mais ça ne me satisfait pas ! Parfois, je me sens ridicule. Je fais mine de jouir pour lui, pour lui plaire... mais est-ce que je le fais bien ? Je n'en sais rien, puisque je n'ai jamais joui ! Si je mens mal, il risque de s'en rendre compte et de se sentir trompé. C'est pour cela que je n'aime pas croiser son regard. Je ne sais pas la tête que je fais ! Suis-je seulement crédible ? Alors, je préfère éteindre la lumière.

Certes, le noir offre une aisance aux corps raidis par la pudeur. Cela permet également d'établir une distance entre soi et le réel. Ouvrant plus grande la porte des fantasmes, le noir autorise parfois une jouissance qui, en pleine lumière, ne pourrait être assumée. Mais trop souvent il masque aussi la peine, ou l'absence de jouissance, qu'un visage tendu ou impassible pourrait traduire. Jeanne soupire puis s'exaspère :

– C'est certainement plus facile d'apprendre à simuler correctement que de découvrir l'orgasme ! Je devrais prendre des cours de théâtre !

Mais elle se reprend vite :

– Ce qui est terrible, c'est que quoi que je fasse, que je simule ou non, il risque de le prendre mal.

« Monsieur, pensez-vous que beaucoup de femmes simulent ? demande une journaliste à un passant lors d'un micro-trottoir. – Oh, oui ! Beaucoup trichent ou ne sont pas satisfaites ! lui répond-il aussitôt. – Et la vôtre ? » De longues secondes suivent cette question. Mais pour cet homme, quelle solitude tout à coup ! Plein d'élan, le visage tendu, gonflé d'assurance, il répond : « Non ! – Non ? l'interroge de nouveau la journaliste. – Non. » Bon, admettons que cet homme menait plusieurs relations sexuelles de front et que ces secondes de silence étaient nécessaires pour faire le tour des femmes de sa vie. Mais un deuxième homme répond avec la même hésitation. Celui-ci, à n'en pas douter, prend le temps de se remémorer la dernière fois où il a fait l'amour. Bien des choses se sont passées depuis. Ce temps de réflexion, ces « non » répétés ne sont-ils pas du désarroi ? Un troisième, un quatrième et d'autres hommes encore se succèdent, dix minutes durant. Tous manifestent la même certitude : les femmes simulent, bien sûr, mais pas la leur. Et toujours ce même silence après la question : « Et la vôtre ? » J'épuise toutes les hypothèses – celui qui n'a pas de femme, celui qui cherche des copains embusqués à l'origine de cette blague, celui qui est préoccupé par la troisième question qui à n'en pas douter sera un piège, celui qui se dit que la journaliste en veut à son corps, et bien sûr celui qui est vierge –, mais je reste sur cette conclusion : avouer leur ignorance eût été, pour ces hommes, révéler (et reconnaître) leur non-maîtrise absolue de la relation sexuelle (et de la relation tout court), mettant du même coup en doute leur virilité. La réputation de haute trahison de la gent féminine leur est d'un grand secours. La plaisanterie est cruelle. Ce micro-trottoir, fort heureusement, s'achève sur le sourire d'un homme qui avoue ne pas savoir, avant de conclure que, certainement, cela doit arriver, mais qu'il espère, pour elle surtout, que ce n'est pas systématique.

Lutte de pouvoir ou souffrance, la simulation peut être une mise en scène pour se jouer de l'homme et de son assurance quant à sa capacité à faire jouir la femme. Celle-ci peut y avoir recours afin de s'assurer le contrôle de la situation : elle peut s'opposer au *devoir de jouissance* – à défaut, parfois, de ne pouvoir s'opposer *au devoir conjugal*. Quand un homme veut la faire jouir, la femme en a-t-elle seulement envie ? Ne vit-elle pas comme une violence ce désir qu'il a pour elle ? Ce désir n'est-il pas, d'ailleurs, un désir d'abord pour lui-même ? Quelle image ce désir lui renvoie-t-il, alors, d'elle-même ? Ainsi masquées, la violence de la volonté de faire jouir s'oppose à la violence de la simulation.

Et Jeanne d'ajouter :

– Tout de même il le cherche, qu'a-t-il besoin de me demander : “Alors, c'était comment ? Combien de fois as-tu joui ? Tu aimes ça, hein ?” Je me vois mal lui répondre : “Jouir ne m'intéresse pas. J'ai juste envie d'être bien avec toi, juste envie de me sentir aimée !” Au lieu de ça, je marmonne un “oui”, et pour clore la conversation et ne pas m'enfoncer dans le mensonge, je joue les timides.

Plutôt que s'abandonner à la douceur de l'enlacement intime, Jeanne et tant d'autres se sentent obligées de jouir alors que la jouissance ne vient pas et de recourir à des artifices afin, surtout, de ne pas déstabiliser ou décevoir celui qui cherche à les « combler ». Une comédie, oui, mais qui cherche à rassurer les hommes. Une façon de leur dire « je t'aime », mais un mensonge qu'elles se font à elles-mêmes. La simulation leur interdit non seulement l'accès à d'envoûtantes sensations, mais elle les place d'emblée sur le terrain de la terrible question : « Suis-je normale ? » ou « Pourquoi pas moi ? » Et, inévitablement, elles se mettent à flirter avec la tristesse et la solitude.

À ce sujet je pense au bel échange entre Mme Therbouche et Diderot, personnages d'une pièce de théâtre d'Éric-Emmanuel Schmitt, *Le Libertin*.

Diderot : ... une femme voilée que l'on voudrait déshabiller lentement et qui, toute nue, montrerait enfin la vérité...

Mme Therbouche : C'est vraiment une naïveté de mâle...

Diderot : Quoi donc ?

Mme Therbouche : De comparer la vérité à une femme nue... Toute nue, je mens autant.

Diderot : Ah ! Pourquoi ?

Mme Therbouche : Parce que je suis femme... parce que je veux plaire... Vous, les hommes, vous mentez beaucoup moins lorsque vous êtes nus.

Diderot : Qu'est-ce qui vous fait croire ça ?

Mme Therbouche : Vous, tout à l'heure : vous portiez votre pensée pavillon haut.

Il y a, chez la femme, une soumission induite que la culture va confirmer ou infirmer, selon le temps et l'histoire. Cette soumission ne relève toutefois pas d'une faiblesse – il serait stupide de le croire –, mais de l'expression même du pouvoir de séduction. Comme le précise Mme Therbouche, « parce que je veux plaire ». Pourquoi ? Pourquoi, lors des bagarres dans les cours d'écoles maternelles, la fillette se soumet-elle aux garçons alors qu'elle dispose de la même musculature et de la même force physique ? Pourquoi, adolescente, passe-t-elle ses étés à se débattre sans trop de conviction, faisant mine de ne pas vouloir être jetée à l'eau ? Pourquoi un jeu féminin inconscient se met-il en place, jeu dans lequel la femme exprime une fragilité et par lequel montre au jeune homme combien il est fort, combien il fascine ? Pourquoi se soumettre, lui donner le pouvoir, sinon pour lui plaire ?

Avant de découvrir leur spécificité sexuelle, aux environs de 3 ans, garçons et filles se sont psychiquement construits à travers l'éveil d'autres zones pulsionnelles. La première, la zone orale, propose (entre 0 et 1 an environ) une organisation basée sur l'éveil de la bouche, l'organe autour duquel se crée le lien avec l'autre, la mère – ou celui/celle qui fait office de mère. La deuxième, la zone anale, met en place (entre 1 et 3 ans), au travers des contraintes liées à la propreté, une autonomie vis-à-vis de la mère – celui/celle qui fait office de mère. Lorsque dans un troisième temps s'éveille la zone érogène génitale, au moyen d'une exploration physique répondant à l'excitation de ce lieu, mais également – et surtout – grâce au langage qui lui attribue un pronom personnel et permet l'identification au père (il) ou à la mère (elle), l'enfant s'associe à l'un ou l'autre des sexes.

Contrairement aux stades précédents où la fonction (manger, déféquer) répond aux interrogations induites par la pulsion, lors de l'éveil du stade génital aucune fonction ne vient (ni ne doit) y répondre. Cette latence offre à l'enfant un long temps d'interrogations conscientes (période de grande curiosité et des multiples « pourquoi ? ») et inconscientes. Cherchant à comprendre la fonction de cette nouvelle zone érogène et le lien à l'autre qu'elle induit, c'est, selon toute logique, au travers de ses découvertes passées que l'enfant va chercher des réponses aux questions inconscientes que son sexe lui pose.

Quand le garçon découvre un organe convexe, la fille découvre un organe concave. À la lumière du stade oral, ils vont les envisager tel un sein génital pour l'un et une bouche génitale pour l'autre. Ainsi, fort de ses précédents apprentissages, l'enfant traduit qu'au niveau génital se trouve un sein (pénis) tété par une bouche (vagin), que ce sein donne du lait (sperme) qui comble le ventre (bébé), et que le ventre se contracte pour expulser ce contenu (accouchement). Cette grille de lecture, empruntée au vécu des stades précédents, génère quelques confusions, sources d'angoisses[1], mais donne aussi l'intuition de la fonction génitale à venir (pénétrer/être pénétrée). Si les pudiques histoires qui expliquent « comment on fait les bébés » trouvent autant de crédit auprès de l'enfant, c'est qu'elles ont le mérite de symboliser l'acte sexuel malgré l'absence de mention des corps. À condition bien sûr de ne pas oublier, dans l'énoncé des choux et des roses, l'indispensable jardinier qui bêche amoureusement la terre pour la fertiliser avant de l'ensemencer ou, pour ce qui est de la cigogne, ce long bec qui pénètre la cheminée pour déposer le bébé dans l'âtre.

1. Cette interprétation de la génitalité au travers du prisme de l'oralité peut être source de confusion entre l'absorption et la fécondation. On y reconnaîtra certaines phobies alimentaires ou encore un point d'ancrage à l'anorexie, particulièrement développée chez les filles au moment de la mise en place de la puberté. Moins douloureusement, les adolescentes expriment cette crainte lors des premiers flirts et, invariablement, d'année en année, les magazines qui leur sont destinés répondent aux courriers de jeunes lectrices préoccupées par : « Est-ce que je peux tomber enceinte si j'embrasse un garçon ? »

Dans ce mélange des genres entre stade génital et stade oral plane une autre inquiétude. Car si dans la première étape du stade oral, l'enfant fantasme une délicieuse fusion avec la mère à travers la tétée (et ce même si le sein a les allures d'un biberon), dans un deuxième temps, il se souvient en avoir été privé (en totalité ou en partie), dès la pousse de ses dents et le passage d'une alimentation liquide à une alimentation solide. L'enfant va alors imaginer que sa position soudainement plus active, sa capacité de mordre ont été sanctionnées au nom d'un danger pour le sein. Avec son besoin de mâchouiller, il fait l'expérience de son pouvoir d'agressivité, de défense et de sadisme, pouvoir qu'il ne manquera pas d'attribuer plus tard à cette autre bouche, cette fois-ci génitale.

La femme – pourvue de cette bouche génitale – s'inquiète ainsi de ce que son vagin peut faire subir au pénis et se découvre coupable de ce supposé pouvoir. Un pouvoir qu'elle a exprimé symboliquement dans ses bagarres de petite fille en pinçant, mordant, tirant les cheveux, alors que le garçon exprimait son agressivité en jetant des pierres, en donnant des coups de pied, en frappant à coup de poing ou de bâton, autant d'expressions projectives et pénétrantes.

Tandis que l'homme cherche à dominer la femme afin d'apaiser la crainte inconsciente qu'il a de cette bouche génitale, la femme, elle, ne cesse de se soumettre symboliquement ou officiellement afin de ne pas être perçue comme castratrice. Se soumettre pour lui plaire, pour être ce qu'il attend d'elle, et ainsi pour qu'il ait encore le désir de la combler, de l'aimer. Le rassurer sur lui-même, mais aussi sur elle-même. On comprendra dès lors cette crainte féminine à utiliser activement son sexe et à en jouir. Plutôt que d'être attentive à ses propres désirs et à ses aptitudes érotiques, il paraît plus prudent à la femme de simuler ce qu'elle imagine être l'attente immédiate de l'homme.

D'autres femmes cherchent, dans la simulation, à apprivoiser leur jouissance. Un peu comme si elles cherchaient à s'enivrer du spectacle qu'elles s'offrent à elles-mêmes. Reste que cette attitude autoérotique, au lieu d'oser la rencontre, ne laisse que peu de place à l'autre. Se chercher au contact de l'autre, voilà bien ce dont Jeanne est pour l'heure tout à fait incapable ! Elle s'applique à s'offrir aux prétendus désirs de Sam, écoutant avec étrangeté les sons qui rythment leur sexualité et attirent l'attention loin des silences de son ventre.

– Comment faire autrement ? m'interroge-t-elle, inquiète. Je sens bien qu'il aime ça, que ça l'excite, puisqu'il ne tarde pas à jouir !

Alors que l'on ne cesse d'asséner aux hommes qu'ils se doivent d'offrir à la femme le temps de sa jouissance, nombre d'entre elles, exaspérées de ne rien ressentir, vivent douloureusement ces interminables minutes au terme desquelles elles n'entrevoient que l'échec. Une impatience qui signe déjà en elles l'impossibilité de la jouissance. Pendant que l'homme se répète « il faut que je tienne ! », la femme pense en secret « viens ! tu vas venir, oui ou non ? ». Alors, afin de mettre un terme à cette épreuve de force, à ce malentendu, elles simulent, à grand renfort de respiration haletante, de cris rauques ou haut perchés. Excité ou rassuré, l'homme se laisse alors aller au délice de l'éjaculation. De malentendu en malentendu, sortir du processus de simulation devient pour la femme de plus en plus difficile. Après avoir proposé une image d'elle « extravertie », l'idée de remettre en question cette représentation leur fait craindre le regard de leur homme sur une sexualité soudain sans éclat (même si c'est aussi pour s'autoriser à jouir des étapes intermédiaires à l'orgasme). Cela constitue, pour une majorité d'entre elles, une « régression », une épreuve insurmontable, et pourtant...

– Pensez-vous qu'il faille toujours vous situer par rapport aux prétendues attentes de votre compagnon ? Vous a-t-il seulement dit ce qu'il souhaitait, ou ce que représentait pour lui la sexualité ?

Jeanne reste silencieuse. Gênée, elle sourit.

– Je ne sais pas très bien, il est assez secret. C'est vrai que c'est toujours moi qui prends l'initiative.

– Pourquoi, à votre avis ?

Elle baisse les yeux :

– Je me dis que c'est un homme et que, comme tous les hommes, il a des besoins.

– Qu'en est-il de votre besoin ? Quelle place lui offrez-vous ?

Jeanne est assise sur une demi-fesse. Prendre sa place, s'offrir le droit d'être femme, voilà bien quelque chose de manifestement compliqué. Pourtant, son envie est là. C'est elle qui l'a fait venir, timidement bien sûr, sur demi-pointes, mais elle est là, séance après séance.

– À vous entendre, vous faites l'amour pour le plaisir de Sam. Lors de notre premier rendez-vous, vous me disiez vous y coller pour vos copines. Toujours pour les autres, jamais pour vous... Aujourd'hui, vos amies n'attendent rien de votre démarche. Quant à Sam, il ne me semble pas revendiquer quoi que ce soit. Il a même l'air de s'y retrouver.

Jeanne hausse les sourcils. Je la regarde, cherchant le meilleur moyen de l'aider à comprendre. Soudain, je remarque que, compte tenu de sa position de médecin, je n'ai jamais envisagé la méconnaissance qu'elle pouvait avoir de son sexe et des capacités de son vagin. Je lui propose de me le dessiner.

– La coupe des organes génitaux féminins ?

– Non ! Votre sexe. Ce que vous en imaginez, ce que vous en ressentez, ce que vous avez observé ou exploré... Que vous fassiez appel aux traits réels ou symboliques, peu m'importe.

Jeanne accepte le crayon de papier et le bloc que je lui tends. Puis, un peu distante, elle se lance et me rend aussitôt sa copie.

– Je ne vois pas ce que je peux dessiner d'autre ! commente-t-elle.

– C'est un schéma très juste... des organes génitaux féminins. Mais si ce sexe est le vôtre, parlez-moi de lui. Comment réagit-il ? À quoi ? Où ? Qu'est-ce qui vous plaît en lui, vous déplaît ? Qu'est-ce qui lui plaît, ne lui plaît pas ? De quoi est-il capable ? Comment le mettez-vous en scène ? Comment parle-t-il ?

Les yeux rivés sur son dessin, j'enchaîne les questions. La respiration de Jeanne ponctue mes interrogations. Puis je pose son croquis sur mon bureau, le tourne dans sa direction et l'invite à le regarder. Jeanne l'observe puis lève les yeux sur moi, tandis que je m'applique à regarder la feuille. Je la sens un peu perdue. Son attitude m'évoque soudain un souvenir d'enfance.

Je cherchais dans une nature morte aux traits grossiers les beautés que mes parents semblaient y voir. Le gris était gris ; le noir, noir ; la coupe, le verre et la bouteille, très peu ressemblants. Dès que je passais devant, j'essayais de comprendre. Qu'y trouvaient-ils ? Il me semblait que l'on attendait de mes dessins d'enfant la reproduction du réel et la joie des couleurs, que c'était cela que l'on félicitait. Le fait est qu'un jour je demandai : « Comment sait-on qu'un tableau est beau ? – Je ne sais pas ! » me répondit mon père, un peu provocateur, avant d'ajouter : « Commence par regarder en toi. Écoute ce que tu aimes, demande-toi ce qui résonne en toi et pourquoi. Après seulement, tu chercheras à démonter et à apprendre les mécanismes et les lois d'une savante technique... » Je reviens à Jeanne, essayant de trouver ce que peut lui apprendre son dessin griffonné au crayon. Sans mot dire, mon regard toujours fixé sur son croquis, je l'attends au rendez-vous qu'elle a avec elle-même.

– C'est un exercice difficile, finit-elle par dire. Je peux parler du sexe féminin mais je ne sais pas quoi dire du mien. C'est comme s'il était théorique, abstrait... Je me rends compte que... je ne le touche jamais, en tout cas pas directement avec mes doigts. Il y a quelque chose de pas clair là-dedans !

– Dedans, ce n'est pas clair ?

– Manifestement ! s'amuse-t-elle à son tour. Ma réticence à toucher et pénétrer mon sexe est... bizarre. Même quand je me lave, il y a quelque chose entre lui et ma main. Il m'arrive de m'exciter, mais en serrant un drap ou un coussin entre mes jambes... Petite, il m'est même arrivé de me frotter contre un ours en peluche !... Je me rappelle avoir ressenti très jeune une excitation qui irradiait mon ventre. Je me souviens d'une scène. Je devais avoir 7 ou 8 ans. J'étais seule avec un ami de ma mère. Nous étions allongés sur le canapé, l'un contre l'autre, quand, je ne sais pourquoi, je me suis mise sur lui pour me frotter contre son corps. Il m'a regardée et n'a rien dit. Ça n'a duré que très peu de temps car ma mère est entrée. Puis il m'a posée à côté de lui sans plus de commentaires. Je ne sais qu'en penser. En parler me met mal à l'aise. Je ne sais pas ce qui s'est passé, ou ce qui ne s'est pas passé, d'ailleurs.

– Un peu comme si cette histoire était théorique, abstraite. Faut-il que votre sexe aujourd'hui ne soit que théorie pour ne pas être coupable d'être vivant, désirant et même jouissant ? Les mots, les gestes ou le plaisir sont-ils autant de risques de le rendre réel ? Est-ce pour cela qu'il vous faut faire l'amour pour Sam et non pour vous ? Pour n'avoir l'air de rien ? L'air de ne pas y toucher ?

Jeanne sourit et baisse les yeux, comme une petite fille démasquée.

– C'est exactement ça. C'est idiot, je sens en moi des possibilités mais je ne les laisse pas s'exprimer, je ne les montre pas.

– Même pas à vous-même, vu votre mode de masturbation !

– Je crois qu'il m'est, en effet, très difficile de m'accorder cette liberté, ajoute-t-elle, gênée.

Le mot masturbation est lancé. Il semble faire l'effet d'un trouble-fête, d'un visiteur indélicat et encombrant qui menace de lever le voile sur une coupable impudeur. Coupable en effet, car elle renvoie à la notion de pouvoir, à l'affirmation d'un désir de plaisir de soi-même, pour soi-même. Coupable encore, car en affichant aussi la capacité de faire sans l'autre, ce désir castre cet autre de sa spécificité, jusqu'alors désirée.

– Refusez-vous la masturbation parce qu'elle trahirait votre désir et vous empêcherait de vous cacher derrière le désir de Sam ?

– Oui. Mon excitation et mes fantaisies sexuelles seraient visibles. C'est drôle, je me croyais à l'aise dans mon corps et tranquille avec ma nudité, mais je découvre au fil de nos séances que je me cache derrière Sam et que je l'utilise comme caution de mes très discrètes pulsions sexuelles. Je m'autoriserais plus facilement à me caresser si cela faisait partie de son jeu érotique.

– Si cette demande émanait de Sam, pensez-vous qu'elle exprimerait moins vos pulsions ? Pour la vivre, ou même la simuler, ne faites-vous pas appel à votre sensualité, à votre imaginaire érotique, qu'ils soient officiels ou masqués ? N'est-ce pas toujours en vous que s'initient le désir et la curiosité pour le plaisir ?

– Je cultive l'ignorance malgré mes connaissances médicales, comme si la femme ne pouvait s'enrichir du médecin. Comme si savoir ce que je suis, ce qu'il y a en moi me rendait active et responsable... Je me suis toujours laissé bercer par l'idée que les hommes font l'amour aux femmes, qu'ils leur permettent de se découvrir, qu'ils leur font atteindre les cimes du plaisir... et que les femmes ne se masturbent pas, qu'il y a quelque chose de vulgaire là-dedans.

– La masturbation n'a rien d'indispensable, mais pourquoi la trouvez-vous vulgaire ?

– Je ne sais pas. Quand il s'agit d'un garçon, je trouve ça normal et plutôt sain.

J'ai longtemps tenu l'éducation judéo-chrétienne pour responsable de l'idée de vulgarité attachée trop souvent à la masturbation féminine. En posant un regard désapprobateur, voire accusateur, on protègerait les jeunes filles de jeux érotiques qui, à n'en pas douter, les conduiraient trop promptement vers le désir sexuel pour lui-même. Des jeux soupçonnés de leur apporter une connaissance et une liberté suffisantes pour qu'elles attendent de leur sexualité une qualité de plaisir qui les détournerait trop facilement de leur stricte fonction reproductrice. Je comprends, dans l'interdit posé, le besoin de prémunir les jeunes femmes de grossesses trop précoces. J'entends aussi ce qu'il représentait pour le mariage lui-même, assurant à l'époux la position de celui qui donne à la femme jusqu'à la connaissance et la justification d'elle-même. Tandis qu'il donne, elle transforme : l'argent en repas, le sperme en bébé, le sexe en plaisir, offrant ainsi à la relation un cadre stable et sécurisant pour l'une et l'autre des parties. Pourtant, cette explication m'apparaissait bien pauvre.

Que veux donc dire l'adjectif *vulgaire* si souvent accolé à *masturbation féminine* ? Les femmes semblent évoquer, par le recours à cet adjectif, une sexualité animale, pulsionnelle, sans tenue, ou, pour être plus juste, sans retenue. Une sexualité incontrôlable, une sexualité dégradante, dégoûtante. D'autre part, à la lumière du discours des unes et des autres, je constate qu'elles redoutent de s'approprier une pratique, la masturbation, qu'elles réservent à l'homme et qui leur renvoie, quand elles s'y projettent, une image d'elle-même où l'élégance et la délicatesse censées les caractériser ont disparu. Excité dans un acte autoérotique, le sexe de la femme perd sa noble fonction de nid d'amour, de sanctuaire dévoué à un pénis qui, en retour, doit lui ouvrir les portes du plaisir. Et voilà que le pénis n'est plus l'unique clé de la jouissance féminine. La femme touche de son doigt le moyen de se faire du bien toute seule. Qui d'autre qu'elle est à l'origine de ce jeu sexuel, qui d'autre qu'elle en pose les règles et connaît le chemin secret, et qui d'autre qu'elle ruisselle de plaisir ? Un sentiment de toute-puissance venant réparer l'idée d'un sexe en manque, d'un sexe faible, d'un sexe incomplet, un sentiment merveilleux qui déjà offre toutes les promesses de jouissance.

« Je n'arrive pas à jouir avec mon mari, me dit Sonia. Souvent, après avoir fait l'amour, je profite de son passage dans la salle de bains pour me donner le plaisir qu'il ne sait pas m'apporter. » Son mari est donc déclaré impuissant à la faire jouir, alors qu'elle connaît toutes les techniques d'une masturbation efficace. Que fait-elle que son mari ne saurait apprendre ? Plus qu'une manipulation habile, la masturbation permet d'éliminer l'autre, de mettre en échec sa virilité, de repousser les peurs qu'il fait naître. L'élimination de cette peur ou l'affirmation de sa propre puissance constituent les atouts majeurs de l'excitation et de la jouissance de la masturbation. En outre, ne pas jouir avec un homme permet à certaines femmes de ne pas risquer une dépendance douloureuse. La masturbation exprime alors le besoin d'une autonomie qui protège.

Expression d'une toute-puissance rassurante pour les unes, la masturbation évoque pour beaucoup un désir ou un jeu coupable. Ainsi, quand Sonia pense ne pas pouvoir s'abandonner à son mari sans risquer son équilibre, Jeanne renonce à la connaissance de son sexe et à sa liberté de jouir. Pourtant, quand tombent les défenses inconscientes, la masturbation devient le moyen d'explorer la chair de ses propres contours. De reconnaissance de son excitation en connaissance de ses aptitudes, la femme s'autorise l'appropriation de son sexe. Imaginer toutefois que seule la masturbation permet la connaissance de ses capacités (et donc le plaisir) équivaudrait encore à réduire le plaisir sexuel à une simple ou savante mécanique. Ce serait omettre l'interprétation faite par le psychisme. Comment, par la masturbation, rencontrer l'autre ?

Si les sondages annoncent qu'à peine une femme sur deux se masturbe, contre 84 % des hommes, doit-on en déduire que seulement 50 % des femmes seraient curieuses d'elles-mêmes ? Ne serait-ce pas n'envisager l'exploration sexuelle qu'au travers du mode masturbatoire, et ainsi porter un regard masculin sur l'autoérotisme féminin ?

Quand le garçon, répondant à l'éveil de la zone génitale, découvre un sexe externe, visible, aisément manipulable et détenant l'extraordinaire pouvoir de passer de l'état flacide à l'érection, puis, à compter de la puberté, la capacité d'éjaculer et la délicieuse satisfaction qui l'accompagne, la fille cherche à tâtons le lieu et le moyen d'apaiser l'excitation qui l'appelle entre ses jambes. Elle y découvre une porte dérobée donnant accès à de mystérieuses profondeurs d'où sourd l'écho de son désir. Un sexe si peu visible, à l'origine de tant de questions qu'il fait justement la richesse de l'imaginaire féminin. Un sexe dont la femme va promener les contours de sa tête à ses pieds (ne dit-elle pas parfois « prends-moi *toute* » ?). Rien d'étonnant, donc, à l'attirance des filles, petites et grandes, pour les rêves de princesses et de princes charmants, à leur passion pour des rêveries plus charnelles dont sont absentes les encombrantes pudeurs et les sombres culpabilités. Ces excitants scénarios, bâtis sur des mots, des gestes, des regards savamment échangés, ne racontent rien d'autre que la dimension symbolique de leur sexualité. « Sur l'écran noir de ses nuits blanches, la femme se fait son cinéma. » Réparant l'image qu'elle a d'elle-même, dans un rôle d'amante jusque dans la démesure, elle restaure dans d'infaillibles et délicieuses victoires son image narcissique blessée.

Construits à partir de notre relation à la mère et au père, ces fantasmes sont aussi l'expression de nos désirs de domination, de sadisme, de passivité et de soumission. Notre regard sur les autres dépend de ces fantasmes siégeant en grande majorité dans notre inconscient. Ils sont une lecture de notre histoire personnelle. Ce sont eux qui nous font considérer l'autre comme partenaire possible, source d'excitation et de jouissance, ou non. S'ils participent à notre désir, ils sont également responsables de nos inhibitions. Notre surmoi, sorte de juge intérieur, les déclare à tort ou à raison coupables ou possiblement dangereux. D'histoires pour se bercer de plaisir, ces rêveries deviennent parfois histoires pour s'endormir, pour endormir le désir d'une relation réelle. « Chaque nouvelle rencontre m'effraie. Pour l'appréhender en douceur, je glane çà et là des informations sur l'autre. J'alimente le petit film que chaque soir j'ai un plaisir fou à dérouler. J'en fais une histoire parfaite : romantique, excitante, intelligente, riche, forte. Plus je l'élabore et plus j'ai le sentiment de connaître cet homme, moins j'ai peur de lui et plus je le désire. Pourtant, à son contact, je me sens gauche, maladroite. Je finis par être déçue, par lui et par moi », me dit Joëlle, une célibataire de 38 ans. Fait de bribes de l'autre, chacun de ces scénarios évite soigneusement cet autre, justement, et ce qu'il représente d'incontrôlable en nous. Pas d'improvisation, donc pas d'accident. Joëlle se fait du bien à elle-même. Dans la ouate de sa rêverie, elle s'autorise les galipettes sans risquer les bleus et s'éloigne chaque jour un peu plus du réel.

Un petit désir d'évasion me fait songer au dessin animé *Shrek*, l'histoire d'un ogre qui a pour mission de délivrer, pour un roi sans courage, une belle princesse prisonnière dans un donjon gardé par un dragon. N'étant, sans nul doute, pas sorti d'une grande école pour princes charmants, ogre oblige, sa méthode d'approche, on ne peut plus singulière, le fait atterrir avec fracas dans la geôle de la belle. Secouant la princesse qui, allongée telle une gisante, les lèvres ostensiblement offertes, feint le sommeil : « Réveillez-vous ! crie-t-il. – Quoi ? – Êtes-vous la princesse Fiona ? – Oui, j'attends un chevalier assez courageux pour me sauver. – C'est bien. Allons-y ! – Attendez, chevalier. N'est-ce point notre première rencontre ? Ne devrait-ce point être un moment romantique et merveilleux ? » Elle se rallonge en tragédienne, la main sur le front. « Désolé, on n'a pas le temps », dit Shrek en la tirant par le bras. « Que faites-vous ? Vous devriez m'emporter dans vos bras et, par la fenêtre, sauter sur votre vaillante monture. – Vous avez eu le temps de penser à tout ça, pas vrai ? répond-il en défonçant la porte et dévalant les escaliers de la tour. – Il faut savourer le moment. Vous pourriez me réciter un poème... Une ballade ? Un sonnet ? Un limerick ? Quelque chose ? – Je ne crois pas. – Vous n'avez pas tué le dragon ? – C'est prévu au programme. Venez ! – Mais ça ne va pas du tout ! Vous êtes supposé charger, l'épée à la main, comme les autres chevaliers... Quel chevalier êtes-vous donc ? – Un chevalier unique en son genre. » Unique, en effet, voilà bien une donnée dont la princesse Fiona, Joëlle et les autres semblent ne pas s'être encombrées, préférant un prince à leur image, tout droit sorti de leur rêverie. Un prince que le réel ne peut que transformer en ogre, en comédien décevant qui ne respecte ni les répliques ni les déplacements d'un scénario pourtant si joliment ficelé. Nul doute qu'au détour de la jouissance qu'offrent la rêverie érotique et la masturbation, la femme trouve une réassurance, une liberté vis-à-vis d'elle-même et plus de tranquillité vis-à-vis de son partenaire. Reste que, dans la mesure où cet autoérotisme est l'expression d'une urgence ou la simple autorisation du plaisir sexuel, il devient, même s'il témoigne d'une certaine autonomie, le reflet d'une sexualité enfantine, d'une crainte de se frotter à cet autre que soi. « Ça rend sourd », prétend la voix populaire. Si la masturbation n'occasionne évidemment aucun dommage aux tympans, conduits auditifs, nerfs et globes oculaires, c'est bien à l'autre que, autosatisfait, l'on devient effectivement sourd. Sourd et aveugle !

– Un lys ! s'exclame Jeanne, les yeux pétillants.

Mais de quoi me parle-t-elle ? Prise d'un inconfortable sentiment de culpabilité, je tente de me sortir de l'impasse où mon absence m'a conduite, avant de réaliser combien la situation illustre si joliment notre sujet : ne parlais-je pas d'autoérotisme ?

Jeanne tient dans sa main gauche le dessin de son sexe et je comprends, à la position de son index droit, qu'elle en a redessiné les contours. Elle y voit un lys, aussi ressemblant que la coupe, le verre et la bouteille du tableau de mes parents. Qu'importe, elle le voit et ce qu'elle voit lui plaît.

– J'aime cette fleur... ose-t-elle.

Je m'amuse à visualiser la délicatesse des pétales, la fierté de la tenue, le blanc immaculé, la délicieuse indécence du suc perlant, du pollen safran tachant la robe, et le parfum entêtant. M'apparaît alors l'idée d'un sexe féminin dans sa capacité d'évolution. Cette fleur me semble alors nettement plus crédible que la petite marguerite dont certaines petites filles héritent pour nommer l'innommable. Innommable en effet, aussi les moins chanceuses cherchent-elles encore comment qualifier le « là, en bas ». Je songe à la réflexion d'un journaliste au sortir d'une émission télévisée à laquelle j'avais participé : « Je vous remercie de la franchise de vos propos. C'est bien d'employer les mots chocs... les mots crus. » Craignant d'avoir enfreint les convenances sur un plateau de télévision, je marquai un temps d'arrêt. Déjà honteuse, je me repassai l'interview afin d'identifier au plus vite lesdits mots chocs... « Ah oui ! J'ai dit “vagin” ! » M'amusant de son bel embarras, j'ajoutai, espiègle : « Mais ça s'appelle un vagin. Aurais-je dû dire vulve ? Ou peut-être chatte, minou, abricot, choupinette, foufoune, choune. Dans ma région, on dit “pachole” (amande) auquel on peut ajouter *ine*, qui signifie “petite” en provençal. Ce qui fait “pacholine”, qui est plus mignon, ou encore ce drôle de mélange angloprovençal : moonine. *Moon*, la lune, et *ine*, petite lune, en référence aux lèvres, tels les quartiers montant et descendant de la lune. Et vous, que dit-on dans votre région ? » Le voyant totalement désemparé, à la recherche de quelque prompteur imaginaire, je vins alors à son secours. « Suis-je bête, pour vous la question ne s'est pas posée. Vous êtes dépourvu de ce bel objet ! » (Voilà que mon ordinateur aussi s'affole, soulignant de rouge les mots inconnus. Allez, je tente : zizi. Eh bien oui, aucun trait rouge, pas de faute ! Il y a urgence : cliquer non pas sur « ignorer toujours » mais « ajouter », pour qu'au moins mon ordinateur connaisse les petits noms de mon sexe.)

– C'est étrange tout de même cette idée d'appeler mon sexe "un zizi", reprend Jeanne fort à propos. Mon père, mon frère ont un zizi, mais moi, ça n'y ressemblait guère ! Quelle idée a eu ma mère ? Je me souviens de nos bains. Immanquablement, ma mère venait mettre un terme à nos jeux aquatiques par un "Jeanne, fais comme ton frère, lave ton zizi, ma chérie". Pendant que mon frère tirait fièrement le sien, moi je procédais à l'ablution d'un sexe caché par un gant de toilette.

Ainsi, il fut question de ce frère, son aîné de trois ans, dans l'ombre duquel elle avait grandi. Un garçon au fort tempérament, mais que l'on ne remettait jamais sévèrement en place car il avait, depuis sa naissance, une santé très préoccupante. Jeanne prend peu à peu conscience des colères contre lesquelles elle tente de lutter à grand renfort d'interdits, mais aussi de sa culpabilité d'être en bonne santé alors que celle de son frère ne cesse de se dégrader. Bien sûr, là n'est pas le seul éclairage aux difficultés de Jeanne. Il faut se garder de conclusions et de jugements hâtifs. Il n'empêche que, de désirs agressifs en forte culpabilité, Jeanne, au nom d'une logique inconsciente toute relative, s'applique, aujourd'hui encore et jusque dans sa vie amoureuse, à contourner la problématique que posait sa fratrie en s'assignant une place d'éternelle numéro deux, toute dévouée au soin d'un numéro un en danger. Comment peut-elle, dès lors, s'autoriser à jouir de sa force et de ses capacités et, pire encore, avoir quelque envie pour elle-même ? Dans la compréhension de ses interdits, Jeanne devait explorer celui-là et décider seule de la place à lui donner.

Je lui proposai, avant de clore notre séance, de partir tranquillement, à son rythme, en quête de son « lys ». Jeanne me sourit, à la fois excitée et un peu inquiète devant le projet d'une telle aventure.

Charlotte

« *J'aimerais tant connaître l'orgasme* »

Mère et fille à l'adolescence • Les journaux intimes des jeunes filles • L'autoérotisme • Cours de théâtre, de chant ou de danse : sentir son ventre • L'orgasme, ça fait perdre la tête

Charlotte est une grande femme aux cheveux longs, blond vénitien. Elle me sourit et, d'un geste élégant, chasse la mèche qui cache le côté droit de son visage. Son mouvement, digne des « chabadabadas » cinématographiques, contraste avec la lourdeur des quelques pas qui la mènent jusqu'au fauteuil. Sa tête et son corps ne racontent pas la même histoire : alors que son corps est rivé au sol, pesant, comme écrasé par le poids d'un fardeau, son visage rêveur donne l'impression d'être aux anges, ailleurs.

Charlotte a 49 ans. Elle est mariée à un homme qui la rend heureuse. Mère de deux filles de 16 et 18 ans, elle travaille depuis près de vingt ans à mi-temps dans une grande entreprise pour de « vieux grincheux assoiffés de pouvoir ». Elle n'a jamais cherché de promotion. Ses chefs se sont succédé mais, invariablement, Charlotte n'en fait qu'à sa tête : l'organisation de son travail lui appartient. Il n'est pas question de se laisser contrôler. Elle vit confortablement dans un quartier résidentiel et s'y déplace à vélo.

– Ma vie est agréable mais... j'aimerais bien connaître l'orgasme, annonce-t-elle d'emblée.

Lèvres pincées, sourcils froncés, de cette petite grimace qui traduit si bien une vraie difficulté, elle poursuit :

– Ça ne marche pas. Oh, il m'est arrivé d'y être presque, mais j'arrête tout. Je ne sais pas pourquoi mais j'arrête tout !

Elle rit, d'un rire de fillette surprise par son discours.

– C'est bête, mais... (Elle s'interrompt.) Il y a quelque chose qui m'alerte : attention danger !

– Quel danger ?

– Je ne sais pas.

– Ce serait quoi, pour vous, de vivre l'orgasme ? Que ressentiriez-vous ?

– Oh ! On perd la tête... On pète un plomb ?

– On peut très bien comprendre alors que ce soit risqué !

Elle acquiesce.

– Je ne suis pas très à l'aise dans mon corps. J'ai toujours lutté contre les kilos. Quand j'étais adolescente, mes parents me trouvaient grosse, lourde. En grandissant, je me suis entendu dire que j'enlaidissais. Pire, que j'avais le corps d'une femme de 40 ans.

Derrière la douleur de la jeune fille, fragilisée par les tourments de son adolescence, je devine la souffrance de sa mère, dont un rapide calcul me permet d'évaluer l'âge. Les angoisses de la quarantaine étaient donc si puissantes pour qu'elle les projette sur sa fille avec tant de violence ?

– Que voulait dire pour vous un corps de 40 ans ?

– Je ne sais pas. J'étais déjà très grande et j'ai la charpente normande, dit-elle en posant ses mains sur son ventre et ses hanches.

Je prends note de ce que disent ses mains :

– Un corps de 40 ans, est-ce un corps de femme ? Un corps de mère ?

Elle me regarde sans mot dire, puis laisse fuser son étonnant rire d'enfant.

Charlotte n'est pas lourde, ni large. Elle est grande et parfaitement proportionnée. Sa démarche, sa façon de ne jamais déplier complètement les jambes, de ne pas faire de grandes enjambées, de ne pas étirer sa colonne vertébrale du plancher du périnée au sommet de son crâne traduisent une chose : Charlotte ne veut pas être grande. Pour ne pas être adulte ? Pour ne pas être femme et rester enfant ?

– La lumière, le regard de mon mari sur mon corps me font violence. L'accouplement aussi est un acte violent et un peu sale. Je ferme les yeux pour ne pas y assister. J'ai découvert comment on fait des bébés à l'âge de 15 ans... À 16, toutes mes copines avaient perdu leur virginité. Alors j'ai fait ça. Comme elles. En Angleterre, bêtement. L'horreur ! C'était très douloureux...

Je réécoute ses mots : accouplement, faire des bébés, faire ça, bêtement, l'horreur, en Angleterre. Immédiatement, ses termes me font songer à un avortement. Je n'oublie pas qu'à l'époque dont elle me parle, l'interruption de grossesse, interdite en France, se pratiquait outre-Manche. Les mots de Maryse, une adolescente de 17 ans, me reviennent en mémoire. Elle parlait de l'opposition « injuste » de sa mère à son désir d'un piercing sur la langue. « Elle ne veut pas comprendre : c'est la mode ! Elle dit que je garderai ce trou toute ma vie, que je suis trop jeune, que je n'ai qu'à attendre mes 18 ans. Mais c'est maintenant que je veux le faire. Si c'est pour le faire l'année prochaine, pourquoi ne veut-elle pas cette année ? Elle dit que c'est une mutilation. Mais sur la langue, personne ne le voit, sauf ceux à qui on veut le montrer. On m'a offert le piercing de Superman et je ne peux même pas le mettre ! » Le piercing de Superman ? Étonnée par mon ignorance, elle m'expliqua : « C'est un pic avec une boule de chaque côté. La petite va sous la langue et la plus grosse, où est gravé le "S" de Superman, dessus. Il est trop cool ! » Haussant les épaules, sans doute à l'intention de sa mère, elle avait ajouté : « C'est vrai qu'il y a des risques d'hypersalivation et de paralysie de la langue si on perce le nerf, mais c'est rare, non ? » Dans cette interrogation se lisait une autre question, dans la logique de celle qui l'avait fait venir me consulter. Je lui avais donc proposé de m'expliquer ce qu'évoquait symboliquement sa revendication et ce que représentait, pour elle, le refus de sa mère. De fil en aiguille ou, plus exactement de fil en chas d'aiguille, il fut très vite question de sexualité, de son désir symbolique d'accouplement avec « Superman » et du conflit opposant la jeune fille à la protection maternelle. Elle donnait un nouveau sens à son désir de piercing. Comprenant qu'elle me parlait d'une virginité tantôt encombrante (« Je ne peux même pas le mettre »), tantôt protectrice (« Ma mère ne veut pas comprendre. C'est vrai que... ») et de pulsions sexuelles tantôt attirantes (« C'est maintenant que je le veux ! C'est la mode ! »), tantôt coupables (hypersalivation : super lubrification ?), voire dangereuses (paralysie, mutilation), ses joues avaient joliment rosi. Gênée, elle avait changé de sujet pour me parler de sa rentrée scolaire et rapidement en venir à son professeur de philosophie : « Il est trop beau ! Non, il est craquant. C'est bien le seul cours où je ne bavarde pas. Quand il pose des questions, évidemment, je ne réponds pas. J'ai trop peur de dire des bêtises, de le décevoir... »

Sans transition, gestes à l'appui, elle avait enchaîné : « Il est d'une douceur... Rien que sa façon de glisser la clé dans la serrure. Je ne peux pas m'empêcher de le regarder. J'aime trop ça. Je fonds. » Mon rire intempestif l'avait troublée, mais très vite ses yeux s'étaient illuminés : « Il s'agit encore de sexe. Je parle de pénétration ! » Elle fondait, semblait-il en effet, à l'idée qu'elle se faisait de la pénétration de cet homme craquant. Je suis toujours touchée de voir mes patients découvrir les différents niveaux de lecture qui se nichent dans leurs propos. En se donnant le temps – et le droit – d'y réfléchir, ils comprennent soudain combien leur discours, leurs rêves, leur attitude corporelle, leurs anecdotes racontent leurs préoccupations, leurs conflits ou leurs désirs. L'inconscient et le conscient travaillent ensemble à censurer ceux qu'ils trouvent impudiques, dangereux ou coupables. Mais le désir est là, bien légitime, rebelle, vivant et impatient de s'exprimer. Alors il ruse. Ce qui ne peut s'énoncer directement se racontera masqué. Anecdotique, symbolisé, travesti parfois, le désir enfreint ainsi la censure. C'est dans le décodage de cette censure – très souvent posée à notre insu – que réside tout l'intérêt du travail analytique. Il ne lève pas l'interdit, mais en découvre le mécanisme. Dévoilé, le subterfuge perd son autorité. Et le désir, naturellement, gagne la liberté, au moins, de s'exprimer. Libre à chacun ensuite de s'en saisir. « Il a une alliance et deux enfants », a-t-elle objecté, la mine brusquement boudeuse. « Et c'est votre professeur : un obstacle suffisant pour vous laisser aller à vos désirs sans risque. L'opposition de votre mère ne représente-t-elle pas, elle aussi, une protection ? »

S'emparer de son désir est une question qui ne s'est jamais posée pour Charlotte. La découverte de sa sexualité ne lui a pas permis de s'approprier sa féminité. Les désirs de son corps jugés impérieux et trop envahissants, donc aussitôt censurés, l'ont conduite à projeter sur le groupe social – les copines – la pression de ses propres pulsions. Afin de s'en défaire, de ne pas en assumer la responsabilité, elle est passée à l'acte.

– J'ai réessayé le lendemain. Épouvantable. Alors j'ai dit stop. Je l'ai quand même refait en terminale parce que ça se fait.

« C'est la mode », « comme les copines », « parce que ça se fait ». Ces propos sont ceux que tiennent nombre d'adolescents. Si le corps est prêt à la procréation, l'individu l'est-il pour autant à la sexualité ? L'enfant, devenu pubère, doit trouver le temps, et la façon, d'accommoder ses pulsions sexuelles à sa récente évolution corporelle. Il lui faut faire la paix avec les constructions fantasmatiques qui ont permis son développement psychique et au travers desquelles il a interrogé sa sexualité. Or, à l'adolescence, les désirs du corps, accrus par le bouleversement hormonal, se bousculent et provoquent la crainte de voir se réaliser les désirs fantasmatiques œdipiens. Des désirs inconscients pour le parent objet (du sexe opposé) qui, entre 3 et 7 ans, s'expérimentent symboliquement. Si aucun événement traumatique relatif à la sexualité ne s'est produit, suit une période de latence, période de refoulement des pulsions sexuelles et des fantasmes œdipiens dans l'inconscient. De sexuel, son questionnement s'élargit et rend l'enfant, arrivé à « l'âge de raison », pleinement disponible à l'étude. À l'adolescence, quand les pulsions sexuelles se réveillent, la proximité parentale devient encombrante, voire insupportable, car les risques sont jugés trop grands par l'inconscient.

Pour se protéger de cet inconfort, de cette angoisse, trois attitudes se dessinent : l'adolescent tente de refouler ses pulsions, y épuisant son énergie jusqu'à la dépression : n'avoir de goût à rien, pour ne pas prendre goût au désir ; l'adolescent détourne l'énergie qui s'empare de lui dans l'étude : c'est l'investissement – voire le surinvestissement – intellectuel au détriment de l'épanouissement du corps ; et, dernière réaction, l'adolescent veut vite (très vite) répondre à ces pulsions : dans l'espoir de les faire taire enfin. Les adolescentes qui cherchent à se « débarrasser » de leur virginité sont encombrées par leurs pulsions et le questionnement qu'elles impliquent tant que ces dernières ne sont pas « satisfaites » ou évacuées. « Comme ça c'est fait ! » disent-elles encore. N'importe où, n'importe comment, du moment que s'apaise le trop-plein de désir qui les place dans le risque œdipien.

Charlotte, comme Maryse, évoque l'urgence de répondre à la puissance, à la violence du désir sexuel par la violence faite à leur corps. Comme s'il leur fallait blesser ce corps responsable d'un tel désordre. Comme s'il fallait détruire ce lieu coupable de désir. Pour le dégoûter ? Le punir, s'en punir ? Dans de telles conditions, on comprendra très bien que rares sont les adolescentes qui vivent leur « première fois » dans la douceur.

Les journaux intimes commencés lors de cette période charnière permettent une mise à distance que le corps trop bouillonnant pour le moment ne permet pas. Ces cahiers de pages vierges, choisis minutieusement, caressés, effeuillés, que la plume peu à peu va mouiller, tacher, emplir, combler, ces petits carnets secrets, cachés dans l'intimité d'une chambre, d'un lit, d'une table de chevet, vont accueillir les mots, désirs et peurs venus du fond de soi. Contrairement à la parole, l'écriture offre un cadre protégé qui permet de s'approprier tranquillement ses capacités et ses émotions. Elle implique également l'idée d'une création. Ces mots couchés sur le papier, repoussés aux frontières du corps, ordonnent un peu les émotions. Ils en apaisent le trouble. Créer une œuvre, accoucher d'un texte, pondre une idée, les adolescentes font ainsi l'expérience de leurs possibilités génitales, mais à bonne distance de leur corps. L'écriture est une création qui fait trace, une création objectivée et objectivable, le moyen d'une connaissance, d'une compréhension de l'intérieur de soi, le moyen aussi d'un contrôle des processus psychiques. Avec quelques variantes, on peut en dire autant du dessin, de la peinture, de la sculpture, de la musique... Les arts offrent un lieu d'expérimentation de son potentiel de jouissance. Avant d'aborder la sexualité dans son corps, ils sont le terrain – symbolique et concret – de la réparation, de la découverte de ses aptitudes. Ainsi nombre de mes patientes, quel que soit leur âge, me parlent d'art. Lorsqu'elles en pratiquent un, elles témoignent, au fil de leur thérapie, de leurs progrès. Celles qui n'en pratiquent pas avouent leur désir de faire du chant, du dessin, d'écrire. Toutes, au travers de cette démarche, parlent de leur sexualité, de l'éveil de leurs émotions, de leur étonnement devant des possibilités inattendues. Sabine, Pauline, Maryse, Ingrid, Constance, Arlette me parlent de théâtre, de ces textes et de leur exploration pour aller au fond d'eux, au fond d'elles, fouiller les mots, jouir de leur sens et s'y découvrir. Dans le jeu de leur corps mis en scène, elles apprennent à reconnaître, à exprimer leurs confusions, leurs émotions, leurs inconstances, leurs troubles, leurs violences, leurs désirs. Dans l'espace limité, protégé et autorisé de la scène, elles badinent avec l'amour, en explorent les reliefs. « J'aime les rôles de prostituée, me dit Arlette. Je m'autorise à être une pro de la chose, un contre-emploi, en somme ! » Un contre-emploi, vraiment ? Ou la représentation d'un éventuel désir d'être plus sexuelle ? Polluée, comme tant d'autres femmes, par la fameuse ritournelle : « Elle aime ça, c'est une salope ! », Arlette profitait du jeu scénique pour explorer en toute sécurité les contours de sa sensualité. Le temps et le travail faisant leur œuvre, elle osait ensuite les rôles de femme, d'amante, abandonnant l'image de la prostituée coupable ou victime chosifiée. Plus qu'à une performance théâtrale, par ce désir autorisé, Arlette accédait à sa féminité.

Nicole, Béatrice, Daphné, Sophie s'éveillent, quant à elles, dans le chant. Peu à peu elles osent le son de leur corps, le son de sa jouissance, la liberté de le laisser s'échapper. Nicole, en butte aux exercices de respiration abdominale, entra un jour triomphante dans mon cabinet. « Ça y est ! Ça y est, mon ventre est vivant ! Ça y est, je jouis », entendis-je ! Les joues rouges d'excitation, elle m'évoquait alors ce souffle qui avait empli son ventre, et la capacité de sa voix qui sortait d'elle-même, enfin libre. Daphné m'a longtemps parlé de son désir de suivre des cours de chant. Mais la peur de s'offrir aux regards gorge déployée, bouche grande ouverte pour un son très probablement navrant, l'arrêtait. Plusieurs mois lui ont été nécessaires pour oser l'impudeur. Plusieurs mois où, dans nos séances, il fut question de ce qui lui rendait justement impossible l'acte sexuel. Et un jour, je mesurai avec émotion le chemin parcouru lorsqu'elle « m'avoua », pour reprendre son terme, qu'elle avait démarré. Je la sentais timide encore, mais gonflée de désir. Petit à petit, elle oserait caresser les notes, découvrir sa voix et apprendrait à l'aimer. L'une et l'autre racontaient comme une victoire cette étape importante dans l'épanouissement de leur vie sexuelle. Elles envisageaient un ventre actif, vivant et désirant, et les « râles » de l'amour comme une nécessité du corps et non une convention grotesque.

Isabelle, Karine, Valérie, Marine avaient choisi la danse. Pour les unes, il était question de technique et de chorégraphie pour faire parler leur corps, l'assouplir et le libérer. Pour les autres, c'était la possibilité d'une étreinte respectueuse dans la rencontre avec un corps d'homme. Valérie, par exemple, avait, non sans difficulté, renoncé à diriger. De cours en cours, elle découvrait combien la direction de son cavalier la mettait en valeur. « C'est bien d'être une femme. Après s'être longtemps marché sur les pieds, nos pas s'emboîtent. Je n'ai plus à réfléchir, mon cavalier est très attentionné, je lui fais confiance, je me laisse aller. C'est même un peu troublant parfois. » La « cadre sup » craignant sa féminité, telle la marque de quelque honteuse faiblesse, laissait dorénavant à son corps la liberté d'être actif sous l'impulsion des mains, bras et jambes de son partenaire.

L'art offre un espace à l'expression des pulsions. Dans le cadre d'une thérapie, il permet aux patientes de s'approprier leur corps, de faire leurs découvertes, de prendre acte de leurs victoires avant de poursuivre leur cheminement vers la sexualité. Mais il peut être aussi une sublimation, un mécanisme de défense par lequel les pulsions sexuelles sont déviées vers des buts non sexuels. Il protège alors l'individu des peurs que celui-ci ne peut affronter.

Charlotte, après de longues minutes de silence, reprend tout à coup la parole :

– Je n'aime pas montrer mes sentiments. C'est de la faiblesse. Les autres pourraient en profiter, alors je domine mes émotions.

– L'orgasme n'est-il pas un lot d'émotions ?

Elle m'observe avec méfiance.

– Quelle émotion craignez-vous ?

– Je ne sais pas, mais je constate que j'ai peu, voire pas de souvenirs du passé. Je tourne facilement les pages. Je n'ai pas de souvenir marquant de ma vie chez ma grand-mère, par exemple, la mère de ma mère. J'y ai pourtant vécu quatre ans !

– Dans quel contexte y êtes-vous allée ?

– À la mort de mon père, ma mère a été obligée de travailler. Ma grand-mère m'a alors prise en charge. Puis ma mère a rencontré un autre homme.

– Celui que vous appelez votre père ?

– Oui. Ils se sont installés ensemble. Quelques années après ils se sont mariés. J'avais 5 ans quand ils m'ont récupérée.

– Vous aviez donc 1 an à la mort de votre père ?

– Oui. Il a été enterré le jour de mon anniversaire. À compter de ce jour, je n'ai jamais revu mes grands-parents paternels.

– Que savez-vous de lui ?

– Peu de chose. Mon père et ma mère étaient très amoureux. Il était aviateur, un peu fou. Lors de ses entraînements, il venait faire des loopings au-dessus de la maison où habitait ma mère. Il n'y a pas longtemps, j'ai retrouvé des photos. Une de leur mariage. Mon père était beau garçon. Sur une autre, je suis dans ses bras. J'ai tout de suite coupé court à l'émotion qui m'envahissait. Pourquoi chercher à savoir, se souvenir, puisque de toute façon je ne le connaîtrai jamais ? Pourquoi poser des questions à ma mère ? Je risque de lui faire de la peine et de blesser celui qui s'est efforcé d'être mon père.

– Votre questionnement serait illégitime ? N'êtes-vous pas les uns et les autres adultes ? En niant le passé, êtes-vous sûre de ne faire de mal à personne ?

Elle soupèse mes questions.

– Il y a deux ans, mes filles ont découvert par hasard que mon père n'était pas mon père biologique. Elles m'en ont terriblement voulu. La plus jeune a vécu cela comme un mensonge, une trahison. Sur le coup, je n'ai pas compris leur réaction. Pour moi, ça ne changeait rien, mais pour elles, leur filiation était remise en cause. Leur relation avec leur grand-père a changé. Je croyais que cette histoire ne concernait et ne blessait que moi. Y penser, leur en parler plus tôt et répondre à leurs questions, ç'aurait été vivre avec la mort.

– Comment est-il mort ?

– Brutalement. D'une rupture d'anévrisme. Il avait 26 ans.

Cette évocation apporte son lot de souvenirs et Charlotte me parle de l'amour fou partagé par ses parents. À ses yeux, ces deux-là, faits l'un pour l'autre, s'étaient trouvés et l'un d'entre eux en était mort. L'amour fou, sans limite, l'avait-elle entendu comme l'orgasme capable, comme elle l'imaginait, de faire péter un plomb ?

– En somme, il aimait très fort, trop fort votre mère.

– Il en est mort.

– Il en est mort ? Est-ce là le risque de l'orgasme ? Vous faut-il tout contrôler, surtout le plaisir et la "folie amoureuse", pour ne pas risquer la mort ?

Elle écarquille les yeux et, subitement, fond en larmes.

L'incohérence physique que j'avais constatée à l'entrée de Charlotte dans mon cabinet – un corps terrien surmonté d'une tête dans les nuages – m'apparaît sous un autre jour. Sa mère sous les loopings de son père ? Son corps aurait-il pour mission de témoigner de la réalité de cette rencontre sans laquelle elle ne serait pas, que sa mère elle-même avait effacée en remplaçant son père par un autre et en tirant un trait sur sa belle-famille ? Une rencontre que, dès lors, elle s'était employée à oublier. Charlotte craignait de « perdre la tête ». L'orgasme signifiait-il pour elle un renoncement au témoignage, un abandon du père, un deuil à faire ? Charlotte craignait de « péter un pomb ». Ainsi l'orgasme, pour elle, signifiait-il la mort aussi certaine qu'avérée.

Charlotte glisse la main dans son sac, en ressort un mouchoir. Elle essuie son dernier sanglot dans un profond soupir. Ce qui vient d'advenir marquera peut-être un tournant dans sa vie. Il est trop tôt pour le savoir. Mais son sourire m'apparaît comme celui d'une femme plus tranquille.

Lucie

« J'ai la libido dans les chaussettes »

« Prenez donc un amant ! » • Pourrai-je aimer ça un jour ? • Elles voient du sexe partout • Barrettes et cheveux lâchés • Les conduites autodestructrices • M'endormir avant lui • Les seins de Marie • Les zones érogènes

Lucie, jeune femme de 31 ans, blonde, longiligne, entre dans mon cabinet pour son second rendez-vous, le pas déterminé et le sourire aux lèvres. Une semaine plus tôt, je l'avais sentie inquiète et mal à l'aise :

– Je ne comprends pas ce que je fais là, m'avait-elle tout de suite annoncé. Ça n'a rien d'urgent. Moi, ça ne me dérange pas, mais comme ça dure, j'ai peur que mon mari, pourtant compréhensif, n'y épuise tout son amour pour moi. J'aurais alors tout abîmé...

J'avais attendu, curieuse, de savoir ce que ces « ça », dans sa bouche, représentaient.

– J'ai la libido dans les chaussettes... Je me force. À peu près une fois par mois. Bon, sur le coup, ça me fait... "plaisir" de lui faire plaisir. Mais je n'en éprouve pas. Ça aurait même tendance à me dégoûter...

Le « ça » se précisant, j'y entends l'écho du discours de nombreuses femmes qui s'astreignent au « devoir conjugal ». Les quelques phrases de Lucie, lancées sur un ton désabusé, traduisent d'emblée la résignation à « un mal nécessaire pour le bien de la cellule familiale ». Jusqu'au jour où, pour certaines, à renfort de symptômes, la douleur peut se dire et être entendue puisque répertoriée dans la clinique médicale. Plus sûres que les légendaires maux de têtes, les mycoses à répétition par exemple interdisent l'accès à leur intérieur. Quand les unes trouvent des *maux* plus repoussants, dangereux, mystérieux ou handicapants que les infections ou les migraines passagères, d'autres, comme Lucie, tentent de mettre en *mots* les peines relationnelles et intimes que provoque l'extinction de leur désir.

Aujourd'hui, je sens Lucie tranquille, volontaire, comme si, déjà, elle s'autorisait à parler de sexe pour elle-même. Comme si, finalement, elle se sentait concernée d'un peu plus près. Lucie est une belle avocate mariée depuis cinq ans à un médecin. Ils ont deux enfants de 3 et 1 ans. Lorsque je l'interroge sur sa chute de libido et sur la possible concordance avec les naissances de ses enfants, elle me répond qu'à bien y réfléchir, il « n'y a pas eu de lien. Ça a toujours été comme ça. » En revanche, me précise-t-elle, à chaque désir d'enfant, elle s'était sentie libre d'un désir sexuel sans contrainte, libre de faire l'amour tout au long de son cycle et pas seulement au moment de son ovulation. Mais dès qu'elle a eu connaissance de sa grossesse, son regard sur la sexualité s'est chaque fois terni jusqu'à l'écœurement.

– Comment allez-vous depuis mardi dernier ?

Lucie cale son dos dans le fauteuil, prend une grande inspiration et se lance :

– Ça m'a fait beaucoup de bien. Mon mari semble heureux de ma démarche. Il m'a dit qu'il ne me mettrait pas la pression, qu'il me laissait du temps. Pour l'instant je suis tranquille... J'ai une excuse ! achève-t-elle comme une fillette prise en faute.

Elle marque un temps, écoute sa dernière réflexion puis, hochant la tête, semble s'accorder le droit de cette pensée. De mon côté, je comprends ce que représente, pour les unes et les autres, nos séances. Thérapeute et thérapie leur servent d'alibi. Symptômes et ingénieux mécanismes d'évitement ne sont plus nécessaires. La thérapie offre du temps, le temps de la plainte, parfois le temps de la colère, puis celui de la compréhension, préambule à celui de la réparation. Temps de liberté qu'elles s'accordent à elles-mêmes, pour elles-mêmes et, parfois, pour la première fois. Je leur précise toujours que le travail entamé ici épousera leur rythme. Celles qui viennent raconter leur absence de désir sont soulagées et ajoutent : « Oh, mais on a tout le temps ! » Quand je leur lance, provocatrice : « Dommage qu'il n'y ait pas de pilule pour remettre le désir en marche », la plupart s'empressent de réagir : « Non, non, surtout pas ! » Celles qui m'avouent leurs regrets, quelques-unes pourtant, ont en commun une image d'elle-même généralement très dévalorisée : elles ne sont « rien que des femmes », dans l'attente douloureuse de l'autre – du partenaire ou du mari – et de ce qu'il apporte, comble ou répare en elles. Puisqu'elles ne sont « rien » ou imparfaites, comment pourraient-elles s'imaginer à l'origine d'un quelconque désir ou plaisir sans l'intervention, le savoir ou la chimie d'un spécialiste tout-puissant à leurs yeux ?

Je me souviens d'une femme qui s'était ouverte à son gynécologue de ses difficultés à éprouver du désir. « Ne vous inquiétez pas, madame, lui répondit le médecin. C'est normal, depuis le temps que vous êtes mariée ! Prenez donc un amant ! » Faute de disposer de la pilule qui sauve, le médecin prescrivait l'amant. Proposant par ce biais une sexualité obligatoire, l'homme de science ne faisait rien d'autre que fermer la porte à l'expression et à la signification du refus de sexualité de sa patiente. Cette femme a cessé de le voir et n'a plus jamais évoqué son problème. Et sa sexualité s'est éteinte. Car, en matière de sexualité, il n'est point de remède miracle, de recette toute faite, ni même de conseil à suivre. Ce qui profite à l'une ne profite pas forcément à l'autre ; l'amant peut être pour l'une et pas pour l'autre. Il s'agit avant tout de comprendre la légitimité et la grande conscience des blocages qui interdisent le désir. Ils ne se résolvent pas facilement mais, une fois identifiés, au moins s'assoupliront-ils.

Quand je propose à Lucie de se donner du temps, d'emprunter le long chemin de la compréhension plutôt que de filer droit vers une solution illusoire, elle s'apaise. Ses yeux sourient déjà en rêvant à cette nouvelle ligne d'horizon.

– Ça me fait drôle d'imaginer que je pourrais aimer ça un jour !

Que je pourrais aimer ça un jour... Quelle belle évocation ! Lucie s'approprierait-elle déjà ce projet pour elle-même et non plus pour le bien de la famille ?

– J'ai repensé à ce que je vous ai dit l'autre fois : que la sexualité était sale, que ça me dégoûtait, que je trouvais ça ridicule. C'est la première fois que je le dis aussi crûment. Pour dire “sexe” ou “faire l'amour”, il faut que je me force. D'habitude, je dis “ça” ou “le faire”. Tout comme je m'oblige à imaginer d'autres personnes faisant l'amour pour me dire que c'est normal de le faire, que tout le monde le fait. Elle se tait.

– J'imagine par exemple mon père, mais mon dégoût ne s'atténue pas. Pourtant le sexe chez les autres ne me choque pas. Par exemple, une scène d'amour dans un film, si elle est justifiée, ne me dérange pas.

– Pourquoi imaginez-vous votre père et pourquoi pensez-vous que cela puisse vous aider ?

Elle rit, un peu gênée.

– C'est vrai que ce n'est pas la meilleure idée. C'est peut-être même la pire !

Silence.

– À l'âge de 12 ans, après le décès de ma mère, je dormais dans une chambre mitoyenne à celle de mon père et de ma belle-mère... Nos lits n'étaient séparés que par une cloison qui ne m'isolait en rien de leurs ébats. Ça me rendait hystérique... Je faisais tout pour les arrêter ou ne pas les entendre, je tapais sur le mur, mettais des boules Quies. Rien n'y faisait. (Silence.) Je me souviens d'un petit déjeuner où ma belle-mère, le regard mielleux, se pavanait de sa nuit délicieuse... Je ne le supportais pas. De toute façon, je ne la supportais pas. Nos échanges n'étaient que conflit et rivalité. Si mon père me donnait quelque chose, il devait le faire en douce.

Silence.

– Aujourd'hui, ils ont divorcé, mais je n'ai rien oublié... Le soir, je déteste le silence. Comme j'ai peur d'entendre des gens faire l'amour, je dors avec la télé ou la radio allumée toute la nuit. Quelquefois, je laisse même la lumière.

– Pour ne pas entendre, ne pas voir ou ne pas imaginer votre père faisant l'amour ?

Lucie déglutit péniblement.

– Faisaient-ils, lui et sa compagne, tant de bruit ?

Elle ne répond pas.

– À dire vrai, non, reconnaît-elle enfin en baissant les yeux. En fait, j'étais curieuse de ce qui se passait entre eux d'une façon générale. Il m'arrivait souvent de les épier, d'écouter aux portes. Le soir, dans mon lit, je tendais l'oreille, et quand j'entendais ces bruits, je me focalisais dessus et finissais par ne plus pouvoir les sortir de ma tête. Ça me rendait dingue !

– Vous vous sentiez persécutée par ces bruits envahissants, pénétrant votre oreille, bousculant votre tranquillité ? Sexualisant votre univers ?... Et que penser de cette irrépressible curiosité ? N'était-elle pas également persécutante ?

– C'est vrai, je me sens agressée par la sexualité. Tout le temps. Je la vois partout : dans les kiosques à journaux, les conversations, les blagues, les rapports de séduction, les couples – qu'ils s'affichent ou non dans la rue –, les femmes enceintes, une jeune femme au bras d'un homme plus âgé, mon mari qui dort nu, les sifflets des hommes, la prostitution, les publicités... Je ne pense qu'à ça. Tenez, cette campagne : un homme nu, jambes écartées, sexe offert, quelle horreur !

Partagée entre son dégoût et sa curiosité, sa souffrance et son désir, elle rit, gênée. Clotilde, hier, m'évoquait cette même photographie : « Oh là là ! Elle est belle, fascinante, j'y suis même revenue plusieurs fois ! » s'était-elle exclamée en rougissant.

Et Lucie de reprendre :

– Quand mon mari zappe et qu'il tombe sur un film porno, au lieu d'attendre la chaîne suivante ou de commenter d'un “c'est nul !” ou “c'est moche !”, je l'accuse de le faire exprès. C'est plus fort que moi. Je me mets en colère et me cache les yeux.

La voilà, les mains devant les yeux mais les doigts bien écartés. Puis, comme si les images évoquées chatouillaient sa mémoire, elle se trémousse dans le fauteuil et chasse les visions importunes d'un geste vif.

– Je ne sais pas pourquoi, enchaîne-t-elle, mais, au travail, je me pose toujours la question de savoir si je pourrais ou non faire l'amour avec tel ou tel de mes supérieurs, ou s'ils pourraient avoir envie de moi. C'est bizarre, non ?

– En somme, pour quelqu'un qui n'en éprouve pas le désir, vous pensez beaucoup au sexe. Vous le repérez, vous le pistez. Il semble même votre principale préoccupation.

Elle réfléchit, s'étonne et conclut fièrement :

– C'est ça, en fait, j'ai du désir... Mais il est dans ma tête !... Il faudrait qu'il descende !

– Qu'en pensez-vous ?

– C'est plutôt une bonne nouvelle, mais j'aimerais bien comprendre pourquoi il ne veut pas descendre !

– Ou pourquoi il ne *doit* pas descendre, pourquoi vous le craignez dans votre corps et dans sa réalisation.

Après le départ de Lucie, je songe aux obsessions où conduit le désir refoulé. L'évocation de la sexualité rendait Claire, une jeune femme adorable, grimaçante. Claire se plaignait d'un malaise corporel, d'une gêne permanente et de ses joues qui s'empourpraient à la moindre apparition masculine. « J'ai honte ! » ne cessait-elle de me répéter. « En ce moment, je suis obsédée par mes cheveux, que je voudrais laisser pousser pour être plus féminine », me confiait-elle un jour. Sans réfléchir, je m'empressai de lui dire combien sa coupe courte avait d'attraits. Mais elle sanctionna ma remarque par un froncement de sourcils. « Ces mèches qui poussent m'insupportent. » Ayant pris note de ma bourde, je ne m'aventurai pas dans une conversation de salon sur les étapes entre deux longueurs de cheveux. Je la laissai poursuivre, mais elle se tut. Je persistai dans mon silence. Elle lissait ses cheveux, les attachant soigneusement dans les deux petites barrettes argentées qu'elle portait de chaque côté de son visage. Ces barrettes, que je considérais comme une simple coquetterie, me frappèrent soudain. « Je ne supporte pas d'avoir les cheveux lâchés, les cheveux au vent. J'ai un sentiment de laisser-aller. Je veux être sûre d'avoir toute la journée la tête que je me suis faite le matin. Laque, gel, mousse, barrettes, j'ai tout un attirail pour les dompter. Je ne comprends pas pourquoi un tel acharnement me laisse en permanence insatisfaite et inquiète. – Que craignez-vous de trahir ? Qu'est-ce qui pourrait surgir de vous si vous n'y preniez garde ? » lui avais-je demandé. D'anecdote en association d'idées, elle découvrit son désir d'être féminine et désirable, mais plus encore un désir sexuel jugé trop grand, que la liberté de ses cheveux et le rouge de ses joues trahissaient et dont elle se sentait coupable. Le même phénomène se reproduisait avec les expressions de son visage, qu'elle avait tendance à figer, à raidir au point d'en être grimaçante. Ce qu'elle m'avait présenté comme autant de handicaps et d'inhibitions à sa séduction n'étaient en réalité que les multiples expressions du désir sexuel qu'elle s'interdisait et qui, ainsi refoulé, l'obsédait. Elle passait son temps à s'épier, veillant au contrôle absolu et permanent de sa personne.

Myriam, Audrey, Sophie, Clotilde, venues, elles aussi, me parler de leur absence de désir, prenaient conscience, au fil de leurs séances, des élans pulsionnels qui les animaient. Mais leur inconscient les jugeait suffisamment dangereux pour ne pas les laisser vivre impunément. Ainsi, de savantes et ingénieuses parades symptomatiques s'attelaient à les masquer ou les faire taire. Si, pour celles-ci, des représentations et constructions imaginaires sont à l'origine de ce jugement sévère, pour d'autres femmes, celui-ci peut renvoyer à de douloureuses histoires d'attouchements. Alors incapables de se soustraire aux abuseurs qui ont bousculé l'éveil de leur corps, elles ont mis leurs pulsions au banc des accusés et punissent leur corps d'avoir été le théâtre de tels agissements. Toutes disent leur honte. Pas « j'ai mal », « je me sens souillée » ou « je suis humiliée ». Non. « J'ai honte. » Voilà bien, comme nous l'apprend *Le Petit Larousse*, l'expression du sentiment d'avoir *commis* une faute. Commettre : verbe actif et donc, selon le raccourci communément admis, coupable. La culpabilité n'est pas dans l'action mais dans la portée de l'acte posé. Qu'ont-elles fait dont elles devraient se sentir si violemment coupables ?

Agnès, l'une d'entre elles, qui tentait d'expliquer cette honte, finit, avec d'immenses difficultés, par me dire : « Ce que vous ne comprenez pas, c'est que... quand il m'a touchée... j'étais mouillée. Je n'aimais pas ça, alors pourquoi mon corps a-t-il réagi comme ça ? » « Je n'ai pas dit non, m'explique Carolina. Je ne l'ai pas fui. Je ne l'ai pas dénoncé. Comme si j'avais trouvé ça normal, à croire que ça me plaisait !... Un jour, je me suis confiée et je me suis fait engueuler. Là encore, j'ai trouvé ça normal ! » Au-delà du traumatisme physique, que la médecine et le temps cicatrisent, reste la violence du traumatisme psychique causé par l'incapacité de l'abusée à répondre de façon adéquate, dans l'immédiateté de l'événement. Une incapacité à se défendre, protester, fuir, dénoncer, hurler, jugée coupable puisqu'elle est vécue comme ayant cautionné de vils désirs. L'inconscient travaille alors – parfois très dur – pour effacer le traumatisme. Au prix de constructions complexes, il s'attache à inhiber les pulsions qui en ravivent le souvenir, à tuer le désir qui pourrait le remettre en scène et à interdire la capacité au plaisir afin de s'assurer qu'il n'a pu exister dans la scène traumatique. D'autres, plus violemment encore, vont chercher à punir ce corps, ce sexe, odieusement coupables, et éteindre leurs désirs dans des attitudes d'autodestruction. On y reconnaîtra par exemple l'anorexie d'Aurore, une toute jeune femme filiforme de 19 ans qui se nourrissait de tisanes et de sucre : « Je ne veux pas de ce gros ventre, de ces cuisses et de ces hanches... La nuit, je dors sur le ventre pour l'aplatir... Je fais souvent le cauchemar que mon ventre devient énorme. » Avec véhémence, Floriane, elle, avait fini par conclure sur sa boulimie : « Jusqu'à quel point me faut-il être grosse pour que l'on n'ait plus envie de moi ? Pour qu'on me fiche la paix. J'ai besoin de mes kilos et de ma graisse pour noyer mon corps et ses formes. » Laurence, femme brillante et un peu autoritaire, entretenait quant à elle une position masochiste : « Avec mon mari, je n'ai que très rarement des relations sexuelles face à face, dans les bras l'un de l'autre. D'une façon ou d'une autre, je l'amène toujours à me prendre par-derrière et à me vomir des tonnes de “saloperies”. C'est sordide, je n'y prends aucun plaisir. Mais j'ai peur qu'il en soit autrement. » Audrey, elle, se scarifiait, en commençant par le ventre et les cuisses. Venaient ensuite ses mains, coupables d'avoir accepté de masturber. Dès son entrée dans mon cabinet, j'avais été surprise par sa poignée de main molle et fuyante. J'avais choisi de ne plus lui tendre la main, lui laissant l'initiative de me la serrer. J'observais ainsi dans ses poignées de main tantôt abandonnées, absentes et passives, tantôt refusées, présentes et actives, l'évolution de notre travail et la liberté qu'elle offrait peu à peu à son corps. Deux patientes après elle eurent une poignée de main similaire et je ne fus pas très surprise de découvrir des histoires identiques. (Si je n'en tire bien entendu aucune conclusion, j'avoue que le hasard de cette répétition des souffrances m'aura permis d'éprouver quelque tendresse pour mon inspectrice des impôts que sa faible poignée de main me faisait accuser jusqu'alors de vice et de sournoiserie !)

Dans le but de se libérer d'un corps coupable, l'autodestruction peut aller jusqu'aux tentatives de suicide. « Je ne voulais pas mourir, je cherchais plutôt une sorte de purification... » me disait Évelyne, bien avant de me révéler son histoire douloureuse. La prostitution, elle aussi, est une stratégie d'évitement : chercher à se perdre dans ce à quoi on s'est sentie réduite. « La prostitution, c'est l'enfer ! On n'est plus rien... moins que rien, un bout de barbaque, de la viande !... On ne peut pas aimer ça. On ne peut plus jamais aimer ça. Moi, ça m'a écœurée. Pour moi, il est interdit de prendre du plaisir... J'ai fait ça pour combattre le mal que j'avais en moi... J'avais tellement peu d'estime de moi-même que je trouvais normal de ne pas me respecter, jusqu'à vendre mon corps pour n'importe quoi... Pour de la merde ! En faisant ça, je renforçais le sentiment de merde que j'avais à mon égard... » me confiait Sylvie, une jeune femme brisée, avant d'ajouter : « Mais j'embrassais pas, et j'embrasse toujours pas, ça, ils ne l'auront pas ! »

Alors que le lieu de son sexe était donné en pâture puisque blessé, souillé, coupable et punissable, la zone orale, elle, zone érogène prégénitale, premier moyen de communication avec l'autre, la mère, était protégée. De cette façon, alors qu'elle s'était appliquée à détruire jour après jour la femme qu'elle était, Sylvie protégeait l'enfant, le temps en amont de la découverte des pulsions sexuelles.

Comme Lucie, les femmes qui redoutent le sexe finissent par voir du sexe partout. Quand les unes se sentent angoissées, persécutées par ce rappel extérieur trop insistant qui les renvoie à des pulsions dérangeantes et non contrôlées, les autres détruisent tout ce qui peut l'initier ou témoigner de son existence. Sans juger du bien-fondé de l'exhibition du corps féminin dans les publicités, la violence des réactions contre certaines d'entre elles dit aussi la crainte qu'elles inspirent à ceux qui les condamnent. De même, tous les accoutrements destinés à masquer le corps des femmes traduisent la crainte que leurs formes dévoilées inspirent. Or, la peur ne fait que renvoyer à l'animalité supposée de la sexualité. Refusant de la comprendre ou de l'admettre, nous posons des interdits qui, au lieu de nous civiliser, nous avilissent. Le respect des femmes ne passe bien évidemment pas par l'affichage de leur sexe mais par l'autorisation qu'elles ont d'en jouir selon leur désir.

Lors d'une séance suivante, Lucie reprit :

– Je prends soudainement conscience de toutes les techniques que je mets en place pour aller me coucher et être endormie avant mon mari.

– Pensez-vous qu'il en soit dupe ?

– Je ne sais pas... Parfois, il me rejoint plus tôt que prévu. Si j'arrive à me blottir contre lui, je parle, je parle, pour lui faire oublier l'idée de la sexualité.

– Mais votre mari n'a peut-être pas envie de faire l'amour.

– Oh, si !... Elle réfléchit quelques secondes. Je n'en sais rien, c'est vrai, reprend-elle. Quand il me prend dans ses bras, qu'il pose les mains sur moi, immédiatement, je me raidis. J'ai peur de son désir alors qu'en fait, il ne cherche peut-être que de la tendresse. Il me reproche souvent ma réticence. Parfois, il s'en amuse. Ses plaisanteries me montrent à quel point mon attitude est absurde. Je le sais.

Elle rit.

– Par exemple, il me touche le bras ou l'épaule et me dit : "Et là, c'est sexuel ?" Ou alors, il pose la main sur mon sein et me dit "bonjour !". Ma première réaction, c'est la défense, physique ou verbale, mais sa gentillesse et son humour me rassurent un peu. Ce n'est pas simple. Je ne supporte pas qu'on me touche les seins, achève-t-elle en courbant spontanément ses épaules.

L'évocation de ses seins semble avoir ouvert la porte à un flot d'émotions. Elle balaie la pièce des yeux. J'ai vu d'autres patientes fondre en larmes à la seule évocation de leurs seins. Ce fut le cas de Marie. Nous travaillions sur le mécanisme de soumission qu'elle mettait en place tant dans sa vie sociale qu'amoureuse et sexuelle. Une attitude d'autant plus surprenante qu'elle jurait avec son allure. Pas une séance où elle n'associât tour à tour à son discours son mari, le plus souvent, son père ou encore son patron. Elle était enceinte et à quelques mois d'accoucher quand je lui demandai si elle avait l'intention d'allaiter. Son visage s'est figé dans un sourire très raide. Tentant d'articuler un « non », elle avait littéralement fondu en larmes :

« Ce serait trop fort ! » avait-elle bredouillé entre deux sanglots. Peu à peu, en effet, elle m'expliqua qu'elle refusait que son mari lui touche les seins au prétexte qu'elle n'aimait pas ça. En fait, elle les sentait sensibles. Non qu'ils soient douloureux, bien au contraire, mais ils étaient une trop grande source d'excitation, accentuée aujourd'hui par sa grossesse. Elle imaginait qu'une seule caresse suffirait à réveiller la « femelle » qui dormait en elle. Aux yeux de Marie, ses seins recélaient le danger suprême : perdre le contrôle, c'est-à-dire être dans le désir et non dans la soumission et l'effacement.

D'une façon générale, hommes et femmes dotent les seins d'un pouvoir immense. Au réflexe de succion qui nous vient en naissant répond un objet merveilleux : le sein maternel. Ce sein, réel ou symbolique (le biberon), apaise l'enfant. Par le biais de l'absorption, le nourrisson retrouve l'état de béatitude initial, se tranquillise et s'endort. Le sein possède donc ce pouvoir merveilleux de réparation et de protection, si astucieusement évoqué dans une campagne de publicité pour les airbags d'une voiture. À la puberté, ils prennent en poussant une connotation sexuelle. Une femme qui perçoit son sexe comme défaillant, manquant – représentation inconsciente d'une importante blessure narcissique qui la conduit à se vivre sans sexe, castrée, donc dévalorisée à ses yeux et aux yeux de l'homme – peut investir symboliquement ses seins d'une puissance phallique, d'un pouvoir de combler, que les regards envieux et fascinés des hommes confortent. Attributs visibles de sa spécificité sexuelle, ils vont ainsi symboliser toutes les capacités de son sexe. Si elle éprouve des difficultés à investir ses pulsions sexuelles et sa position de femme, elle peut être poussée à les nier, les insensibiliser ou plus simplement les cacher afin de ne pas provoquer, chez elle ni chez l'homme, un désir dont il lui faudrait assumer la responsabilité. Souvenons-nous de ces vers mémorables que Molière a mis dans la bouche de Tartuffe :

« Couvrez ce sein que je ne saurais voir :
Par de pareils objets les âmes sont blessées,
Et cela fait venir de coupables pensées. »

On aura alors un regard tendre pour les cheveux longs des adolescentes qui les font dégringoler sur leurs épaules pour protéger leur poitrine ou qui s'en servent au contraire, par de grands effets de chevelure, pour couvrir et découvrir astucieusement ces objets du désir.

La jeune Émeline me parlait de l'insensibilité de ses seins : « Mon ami les caresse mais je ne ressens rien. Je n'ai jamais rien ressenti. C'est comme s'ils étaient morts ! – Ah bon ? » J'avais joué l'étonnement, avant de la renvoyer au souvenir de leur croissance et à l'extrême sensibilité de ses mamelons, et lui rappeler, aujourd'hui encore, leur réaction au froid et à l'évolution hormonale au cours de son cycle. Les insensibiliser dans sa vie sexuelle était le moyen de se protéger de l'autre, même quand cet autre est l'être aimé. Il lui fallait réduire les sensations de son enveloppe corporelle et plus particulièrement des zones sollicitées en priorité, à savoir ses seins et son sexe.

À ce sujet, je pense à une émission télévisée sur la sexualité qui, schémas à l'appui, proposait un découpage des zones érogènes sexuelles féminines en deux groupes : les primaires, sexe et seins ; les secondaires, fesses, cuisses, ventre et bas des reins.

Si j'excusais une réduction à mettre sur le compte de la communication télévisuelle, le commentaire du journaliste ne pouvait me laisser indifférente. Je cite : « L'excitation de la femme naît des zones érogènes primaires sollicitées, mais également des zones érogènes secondaires. *Concernant ces dernières, toutes les femmes n'ont pas la même sensibilité.* Ces lieux ne constituent donc pas le même stimulus chez toutes les femmes. » Si l'on peut en effet tracer la cartographie des lieux érogènes du corps féminin, comment oser dire que les femmes n'ont pas toutes la même sensibilité ? Nous avons *toutes* le *même* système nerveux ! Le désir et ensuite le plaisir ne dépendent pas du système nerveux, parfaitement opérant (à moins d'une particularité physiologique), mais bien de l'interprétation émotionnelle que la femme, par son histoire personnelle, donne à ces caresses. Leur stimulation et leur sensibilité sont autrement plus complexes que la manipulation d'un interrupteur ! Prenons un exemple. Je passe ma main sur mon avant-bras et le réchauffe : cela peut être bon. Une amie passe de la même façon sa main sur mon avant bras pour me dire son soutien : cela peut être touchant et m'émouvoir... Un homme dont je désire la proximité passe soudain sa main sur mon avant-bras : cela peut être troublant, me donner des frissons, me faire rougir... Un homme dans le métro profite de la promiscuité pour passer sa main sur mon avant-bras : cela peut être insupportable. Je suis au milieu de gens qui me sont proches, l'une des personnes passe sa main sur mon avant-bras : je peux ne pas en faire cas, je peux même ne pas m'en rendre compte. Cet exemple se développe à l'infini. Reste que cette multiplicité de réactions est parlante. Le ressenti d'un geste est un savant mélange entre la compréhension de la situation, la compréhension du message de l'autre et son propre état émotionnel du moment : trois dynamiques livrées à l'arbitraire ! Ainsi, contrairement à ce que laissait entendre ce journaliste, l'excitation des zones érogènes primaires, au même titre que celle des zones érogènes secondaires, dépend de l'interprétation consciente et inconsciente de chacune et ce, alors que toutes les femmes ont un potentiel identique. Il en va des zones érogènes secondaires comme des primaires. C'est même d'autant plus vrai pour les primaires, qui représentent les derniers remparts à l'intrusion de l'autre.

Les seins de Lucie avaient vécu les joies et les plaisirs de la maternité. Deux enfants et, avec eux, deux parenthèses de six mois où, en toute sérénité, ses seins avaient été à l'honneur, de même que l'avaient été son sexe et son plaisir dans le temps nécessaire à la conception de ses bébés. Si la maternité lui offrait la liberté de son expression corporelle, la sexualité la mettait dans une position d'angoisse et, pour s'en préserver, d'inhibition. Alors que Lucie avait retrouvé une certaine tranquillité, je m'interrogeais sur ce que représentaient pour elle l'expression maternelle et l'expression sexuelle. Pourquoi s'épanouissait-elle dans l'une et pas dans l'autre ?

– Je n'ai pas aimé avoir des seins. Je les trouvais trop gros et ça ne s'est pas amélioré avec le cancer du sein de ma mère. Mon père parfois me parle de ma mère. Je n'aime pas l'écouter. Je ne le crois pas ou je n'ai pas envie de le croire. Je ne sais pas... Je veux garder les belles images que j'ai d'elle dans mes souvenirs d'enfant...

– Qu'est-ce qui vous dérange dans ce qu'il vous en dit ?

– D'après lui, ils ont divorcé parce qu'elle l'avait trompé avec l'homme avec lequel elle s'est installée ensuite. Très peu de temps après, cet homme est devenu hémiplégique, un truc dans le cerveau qui a sauté !

Je ne peux m'empêcher d'entrevoir les confusions que Lucie, petite fille de 11 ans, a pu faire entre désir, plaisir sexuel et accident cérébral. Mais, pour l'heure, je choisis de ne pas explorer cette piste.

– Pourquoi le discours de votre père ternit-il l'image de votre mère ? Est-elle coupable de sa sexualité ?

Lucie hausse les épaules.

– Pourriez-vous à votre tour être coupable de la vôtre ?

Elle reste silencieuse...

– Je passe du coq à l'âne, reprend-elle, mais je repense à mon père qui a eu plusieurs conquêtes... dont ma prof d'espagnol ! Aujourd'hui, il est remarié avec une jeune femme à peine plus âgée que moi et il a eu deux enfants, une fille de 12 ans et un fils de 8 ans.

– Que cherchez-vous à me dire de la proximité de la sexualité paternelle ?... Leurs enfants ont l'âge que vous aviez, vous et votre frère, en ce temps douloureux qu'a été la mort de votre mère...

Lucie à nouveau se tait. Je la sens tourner autour de quelque chose, quelque chose qui raconte son accès à son corps d'adulte, marqué par la perte de sa mère.

Elle reprend :

– J'ai mûri d'un coup. J'étais odieuse !

– Pensez-vous que vous n'auriez pas mûri sans cet événement ?

Elle soupèse ma question... Je reformule :

– Pensez-vous que c'est la mort de votre mère qui vous a fait devenir femme ?... À moins qu'inconsciemment vous n'ayez cru que ce soit devenir femme qui a fait mourir votre mère ?... C'est un peu comme si la jeune adolescente que vous étiez n'avait pu accéder tranquillement à sa sexualité, confondant cette évolution avec la mort de sa mère.

– Mais il m'a fallu la remplacer auprès de mon père et de mon frère... Tout le monde attendait cela de moi ! dit-elle alors en pleurant.

– Tout le monde ?

Lucie se laisse aller à ses larmes.

– Voilà qui a été certainement bien lourd et bien encombrant pour une toute jeune fille de 12 ans.

Je repense à ce qu'elle me disait lors d'une autre séance : son besoin d'imaginer son père faisant l'amour, l'évocation du bruit de ses ébats sexuels auxquels elle tendait l'oreille, les relations entretenues entre son père et elle, en douce, dans le dos de sa belle-mère, les conquêtes de son père chassant dans sa proximité d'âge ou de vie et, plus symboliquement, son besoin d'imaginer la possibilité d'un désir pour son patron ou l'envie que l'un ou l'autre aurait d'elle.

– La frontière entre votre père et vous ne semble pas avoir été très évidente, pas très stable, comme si la perte de votre mère avait soudainement laissé vacante une place auprès de lui, vous faisant craindre inconsciemment l'expression de vos pulsions et de votre désir sexuel dans sa proximité. Comme si le concours de circonstances vous avait fait croire que vous pouviez prendre la place de votre mère ?... Et est-ce pour cela que vous dites avoir été odieuse ?

Je conclus la séance. Pendant que Lucie rassemble ses affaires à ses pieds, je fais un tour d'horizon rapide de ce qui s'est dit aujourd'hui, quand elle relève la tête :

– Je garde ma mère en vie à travers moi ?... Il me faudrait peut-être en faire le deuil... N'est-ce pas ?

– Peut-être...

Ce renoncement n'est pas l'unique réponse à la problématique sexuelle de Lucie mais, sans lui, comment pourrait-elle écrire sa propre histoire ? Comment pourrait-elle être une femme de désirs et non une femme de devoirs ? Peurs, fragilités et responsabilités resteront bien sûr son lot quotidien, mais pour y mettre bon ordre, son ordre, pour qu'elle puisse trouver sa place dans ses différentes fonctions, aimer et désirer légitimement un homme, son homme, le percevoir dans sa spécificité et non sur les traces d'un père interdit, il lui faut, en effet, poser quelque distance entre elle et une mère pour l'heure intériorisée.

Aurélie

« Je ne désire plus celui que j'aime ! »

Ce truc dans le ventre • Comment cohabitent l'amour et le sexe ? • Les pannes sexuelles • L'idée d'une féminité dangereuse • La maman ou la putain • La pulsion sexuelle

La quarantaine vive, Aurélie entre dans mon cabinet. Elle a un look étonnant. Moulée dans un treillis kaki, elle est coiffée, comme à son habitude par temps frais, d'un adorable bibi années trente qui plaque une boucle de cheveux sur sa joue et souligne son regard vert amande. Ce curieux mélange en dit long sur son désir d'affirmer et d'assumer une féminité qu'elle porte encore comme un déguisement. À peine ai-je le temps de remarquer ses yeux rieurs que la voilà, les mains sur les accoudoirs, prête à bondir. Trépignant, narines dilatées, le sang pulsant exagérément à ses tempes, le souffle court, elle me fait penser à une belle jument dans son box de départ, attendant le signal qui la libèrerait.

D'habitude, Aurélie vient le lundi. Ce mardi, elle paraît impatiente, comme si elle avait trop attendu pour me raconter. Journaliste pour la presse écrite, elle sort toujours un petit bloc-notes à spirales, « déformation professionnelle ! » m'a-t-elle dit la première fois. De temps à autre, elle y griffonne une réflexion, mais, aujourd'hui, les mains d'Aurélie restent sur les accoudoirs.

– J'ai une foule de choses à vous dire, annonce-t-elle. Trop pour une seule séance !

Je la regarde soupeser brièvement les réflexions qui la traversent. Le tri rapidement effectué, elle se lance :

– Peut-être vais-je commencer par les rêves que j'ai faits les deux nuits qui ont suivi notre dernière séance.

– Allez-y.

– Le premier, dans la nuit de lundi à mardi : je gravis une montagne. Je peine mais persévère. Tout à coup, alors que j'arrive enfin au sommet, le sol se dérobe sous mes pieds. Je dévale l'autre versant et sombre dans des sables mouvants. Lorsque je touche le fond, je donne une forte impulsion du talon pour refaire surface. Mes bras émergent en premier, brandissant comme un trophée des dessous féminins en dentelle.

Aurélie prend le temps de se moquer du scénario loufoque de son rêve puis me sourit, fière de sa mémoire. Elle poursuit :

– La nuit de mardi à mercredi : la scène se passe sur un yacht. Un homme est aux commandes sur le pont extérieur. Une femme qui était allongée à l'arrière vient le rejoindre. Elle lui passe la main dans le cou, l'embrasse et lui caresse le bras. L'homme est déséquilibré. Il tombe à la mer et se fait aspirer par l'hélice. Il est broyé.

L'exercice terminé, elle fait la moue. Comme une enfant parvenue au terme de sa récitation, elle me regarde sans bouger, attendant mon évaluation.

– Deux rêves de toute évidence très intéressants, lui dis-je. Mais avant de les analyser, je voudrais que l'on revienne sur ce que vous avez gardé de la séance qui les a précédés.

Elle réfléchit un moment.

– Je parlais de mon inquiétude face à mon absence de désir pour mon mari. Je me demandais si le fait de m'être engagée rapidement en était l'origine ou si c'était la naissance de notre enfant qui avait éteint mes pulsions... Je m'interrogeais aussi sur mon amour pour lui... J'y ai bien réfléchi depuis. Manu est le seul homme dont je sois tombée amoureuse. Je sais que je l'aime toujours. C'est terrible, d'ailleurs : je ne désire pas celui que j'aime ! C'est tout de même bizarre. Si je n'avais jamais ressenti de désir, ce serait un problème d'ordre général, mais je me souviens très bien en avoir eu, pour un autre. C'était intense, violent ! J'avais un désir fou. Manu, lui, je ne l'ai désiré que quelques semaines. Je suis tombée enceinte et j'ai gardé le bébé parce que je l'aimais. Je l'ai épousé parce que je l'aimais. Mais je dois reconnaître que dès notre voyage de noces, mon désir avait disparu. Déjà, je composais. Si je n'éprouvais pas de plaisir, je pourrais comprendre. Mais non. Quand nous faisons l'amour, à quelques exceptions près, je jouis. Pas en demi-teinte ! Je jouis vraiment et j'aime ça ! Alors pourquoi, si j'aime ça, ne pas en avoir envie ?

– Parlez-moi du désir que vous avez connu, intense et violent dites-vous...

– C'était avec un garçon avec qui je suis restée deux ans... Zut ! Je ne me souviens plus de son prénom...

Elle me regarde, stupéfaite. De longues secondes s'écoulent...

– Richard ! Oui, c'est ça : Richard, lance-t-elle, soulagée. Ça ne s'arrange pas ! J'ai eu du désir pour un homme dont j'oublie le prénom et je ne désire pas celui que j'ai épousé et que j'aime. Bon, pour revenir à Richard, Richard, Richard... scande-t-elle comme pour s'assurer que sa mémoire ne lui joue pas de tours. J'avais tout le temps, ou presque, envie de lui. Il nous arrivait de faire l'amour deux fois par jour, en vacances, notamment. J'avais du désir et un plaisir que je ressentais comme une énergie puissante dans mon ventre... Heureusement que mon mari ne le sait pas.

– Pourquoi vous êtes-vous séparés ?

– C'était couru d'avance : le sexe était notre seul lien. J'ai rencontré Manu et suis tombée sous le charme.

– Amour et sexe ne pourraient donc pas cohabiter ?

Elle lève les sourcils et conclut :

– Je n'ai jamais connu cette cohabitation. Au tout début, avec Manu, j'éprouvais du désir mais pas de l'amour. Je n'ai pas reçu d'éducation sexuelle. À la maison, on n'en parlait pas. Passe encore avec mon frère et mon père ; mais je n'en parlais jamais avec ma mère, ni même avec ma sœur. Je n'ai jamais su, par exemple, quand a eu lieu sa première fois, ni elle la mienne. Un jour, elle s'est mariée et a eu un petit garçon. Là, j'ai été fixée, mais jusqu'alors j'étais incapable de l'imaginer... Il aurait peut-être suffi que je pose la question. L'ambiance à la maison n'était pas particulièrement coincée. Je ne sais pas pourquoi j'ai entretenu le silence.

– Dans un tel contexte, comment avez-vous découvert la sexualité et comment l'avez-vous éveillée ?

– J'avais 15 ans. C'est peut-être un peu jeune, non ?

– Non, pas spécialement, mais vous sentiez-vous prête ?

– Oh, oui ! J'en avais la curiosité et l'aisance corporelle. J'en avais même l'arrogance !

– Que veut dire “en avoir l'arrogance” ?

– Il était plus âgé que moi. Rien à voir avec la rencontre de deux innocents. Il me trouvait très excitante, débordante de sensualité. Je ne m'en étonnais pas. Je m'appropriais ses qualificatifs... Par la suite, ce fut le même schéma : des hommes, plus âgés pour la plupart, qui louaient sans discontinuer mes appas. Il y en a pourtant un qui m'a dit qu'il résisterait. Il me désirait comme un fou, mais il ne fallait pas, c'était trop fort. Il a conclu par : “Tu verras !” Deux mots bien mystérieux dont je ne comprends toujours pas le sens. Il m'approchait toujours gravement, avec... prudence.

– Vous dites que nombre de ces hommes étaient plus âgés. C'est-à-dire ?

– La trentaine.

La rapidité et la brièveté de sa réponse trahissent sa provocation et sa fragilité d'alors. Je veille à mes réactions. Tandis qu'elle reprend aussitôt le déroulé de ses débuts sexuels, je m'interroge sur le sens de l'initiation que cette jeune fille est allée chercher auprès d'hommes « confirmés ». Qui mieux qu'un homme peut permettre à une jeune fille de découvrir en toute sécurité sa féminité ? Certainement pas un adolescent préoccupé par son érection et sa performance. Ne trouve-t-on pas dans l'histoire passée et dans nombre de tribus primitives des rituels où l'invitation au monde adulte est à l'initiative des adultes, justement. Mais des adultes sains. Si je peux comprendre ce choix lorsqu'il est pris par certaines jeunes femmes, un frisson en revanche me parcourt à l'idée des conclusions hâtives et orientées que certains hommes, tout à leur perversion, pourraient tirer de ces remarques. Pour l'heure, là n'est pas ma réflexion. Il n'y a heureusement rien de tout cela dans l'histoire d'Aurélie. Mais quoi, alors ? L'attrait fantasmatique de l'adulte, la fierté pour une jeune fille d'être considérée comme femme, le droit à l'ignorance face à celui qui sait, mais encore ? Je songe à Laurence, également en panne de désir pour un mari qu'elle aime, et qui me parlait de son premier homme, de vingt ans son aîné, avec qui elle avait goûté la force des élans de son ventre. Et aussi à Sonia, Estelle et Karine. Je déroule leurs histoires, leurs discours et leurs désirs qui peinent, comme de précieux parchemins indiquant la piste du trésor. Que dois-je comprendre ? Aurélie me répond :

– En fait, c'était pratique ! Je n'ai jamais eu à m'interroger sur telle ou telle position, ou attitude. Les uns comme les autres orchestraient nos rapports avec beaucoup de naturel et d'aisance. Je n'avais qu'à suivre.

– Voulez-vous dire que vous n'aviez pas à prendre l'initiative ?

– Oui. C'était eux qui se chargeaient de tout.

– Se poser comme active sexuellement aurait été une charge ?

– Je ne sais pas... en tout cas une responsabilité.

Responsabilité. Voilà ce qu'en effet Laurence, Sonia, Estelle et Karine avaient, elles aussi, savamment évité. Comme si elles n'avaient pu donner libre cours à leur excitation qu'une fois déresponsabilisées par « l'homme de savoir ». Que ne trouvaient-elles alors ce même mécanisme auprès de leurs maris, tout aussi avertis que leurs premiers amants ? Les mots de Laurence me reviennent en mémoire : « Je ne comprends pas cette absence de désir. Mon mari est génial. Je l'aime. Il est beau, c'est l'avis de mes amies, il est intelligent, réussit très bien professionnellement et j'ai du plaisir quand nous faisons l'amour. Seulement, s'il n'en prend pas l'initiative, je ne fais rien. Il me sollicite souvent. Si ce n'était pas le cas, cela finirait peut-être par me préoccuper. Mais je suis sceptique. J'aimerais tant retrouver ce truc dans le ventre : comme une énorme faim ! » avait-elle achevé, le regard gourmand. Les paroles d'Estelle me reviennent elles aussi : « Rien ! Aucun élan qui me pousse vers lui. Pourtant, je sais recevoir les siens. S'il y a un truc qui me rend folle, c'est de voir un couple qui s'embrasse. Ça me donne une de ces putains d'envie ! avait-elle un jour osé, bouche toutefois quasi fermée. Rien que de vous en parler... » La fin de sa phrase s'était accompagnée d'un frisson qui avait secoué tout son corps. « Pourquoi ne pas mettre cette émotion au service de votre couple ? avais-je alors demandé. – Avec mon mari, c'est impossible. Je ne sais pas pourquoi. Je tourne même la tête quand il veut m'embrasser. »

– C'est étrange, reprend Aurélie, mais avec Richard, je me sentais libre de ma sexualité, tranquille, malgré cette différence d'âge. Ou grâce à cette différence d'âge.

– En quoi pensez-vous que la différence d'âge ait joué un rôle ?

– D'une part, il allait m'apprendre. D'autre part, je n'étais pas encombrée par son regard. Nous étions comme des... hors-la-loi, dans une sorte de parenthèse. J'étais l'objet de ses fantasmes, lui de ma découverte, aucun lien sentimental n'encombrait notre relation... Un bon deal en somme ! Le fait qu'il soit plus âgé lui donnait une force, une supériorité qui me rassuraient.

Cette difficile union du sexe et de l'amour est souvent évoquée par des hommes venus consulter pour des problèmes d'éjaculation rapide, d'impuissance temporaire ou même d'anéjaculation passagère. Amoureux, ils souffrent de ne pouvoir s'abandonner à certaines positions qu'ils n'ont aucun mal à adopter dans le cadre d'une relation purement sexuelle. Si pour certains individus – homme ou femme –, l'amour simplifie l'abandon et la liberté des corps, pour d'autres les sentiments posent de réels interdits, inhibent le vécu sexuel. David me confiait, désespéré : « C'est dingue, je la désire plus que personne, j'ai envie de lui faire l'amour, penser à elle me fait bander mais quand elle est enfin dans mes bras, je débande instantanément. Je l'aime... trop fort ! » Vincent : « Avec les filles précédentes, ça se passait plutôt bien. Je ne tiens pas des heures, mais dix grosses minutes bien respectables... Avec Sophie, si ça dure une minute, c'est le bout du monde : la catastrophe ! » Francisco, lui, était venu me parler de sa douloureuse rupture. Un jour, pudiquement, il osait : « Entre nous, c'était une chimie particulière qui rendait notre histoire unique et cohérente. Des peaux compatibles, une sexualité au top. Un jour, j'ai réalisé que pour la première fois je projetais un avenir : le mariage, des enfants. À 37 ans, je me sentais prêt à franchir le cap... Et puis, notre sexualité s'est modifiée. Nous faisions un peu moins l'amour. De mon fait. Je pouvais passer un week-end sans éprouver de désir... Je l'aimais, je pouvais passer des heures à parler avec elle, par exemple... J'ai craint qu'elle ne s'en inquiète. J'ai réalisé que mon érection était moins... énergique. Peut-être est-ce une question d'âge ? – À 37 ans ? » l'avais-je interrogé, un tantinet moqueuse, je l'avoue. Un scrupuleux interrogatoire clinique, bousculant un peu sa pudeur, m'avait permis de m'assurer de l'origine psychologique et non iatrogène (due à une prise de médicaments) ou encore organique (due à une pathologie fonctionnelle) de sa difficulté érectile. Un interrogatoire qui me valut, quelques séances plus tard, alors que je revenais sur le sujet : « Oui, oui, nous pouvons parler de mon érection. » Son sourire était épanoui. « Je sens qu'elle vous intéresse ! Je vous rassure tout de suite, elle va beaucoup mieux, elle va d'ailleurs très bien ! » Son mécanisme de défense était de bonne guerre. La position de thérapeute n'est pas facile tous les jours. Trêve de plaisanteries. Pourquoi l'amour vient-il parfois encombrer la sexualité ?

Je reviens à Aurélie :

– Vous me parliez du besoin de vous sentir rassurée, l'amour n'est-il pas un cadre sécurisant ?

– Si, répond-elle avant de replonger dans le silence.

Je lui rappelle ses rêves évoqués en début de séance et l'invite à une association d'idées. Le silence s'installe, comme souvent lors de ce genre d'exercice. Et puis :

– J'ai 6 ans. Je suis avec mon petit voisin. Je l'invite à jouer sur le portique. Je le pousse sur la balançoire. Tout à coup, il est par terre, en pleurs... J'adorais qu'il vienne chez moi, je lui proposais des jeux auxquels il se pliait de bonne grâce. J'en abusais parfois et lui faisais faire des bêtises...

Elle enchaîne sur son premier flirt :

– Je suis avec mon petit ami derrière un buisson. Nous nous embrassons goulûment quand, tout à coup, il s'étouffe...

Elle poursuit :

– Petite, j'avais un chien que j'adorais. J'étais chargée de le nourrir, c'était pour moi l'occasion de jouer à la dînette. Il est tombé malade, j'ai eu beaucoup de chagrin à sa mort...

Et encore :

– Je me souviens de disputes avec mon frère et ma sœur. J'étais la plus jeune, mais jamais en reste pour les bagarres. Mon frère se faisait souvent gronder par papa, qui veillait sur sa petite fille...

De souvenir en souvenir, Aurélie parle d'une position active qui se révèle dangereuse ou sadique envers l'autre masculin et semble nourrir une culpabilité dont elle attribue l'origine à son état de fille. Voilà qui fait écho aux messages oniriques : si la rêveuse en sort glorieuse, brandissant des dessous la révélant plus féminine que jamais, l'homme, objet du désir féminin, passe de vie à trépas.

Nous poursuivons l'étude de ses rêves, mettant en évidence l'angoisse inconsciente féminine d'un vagin fantasmé castrateur : tantôt broyant, blessant, soumettant, étouffant, empoisonnant, tuant et punissant, tel qu'elle l'annonce dans ses associations. Aurélie intervient :

– C'est tout de même incroyable ! Je m'interdirais le désir par peur de faire mal ?

Ce n'est qu'un début d'explication et elle ne manque pas de s'en rendre compte :

– Mais pourquoi aujourd'hui, avec mon mari, et pas avant ?

J'ai bien quelques idées derrière la tête, mais je les chasse. La recherche et les réponses doivent être les siennes. Pour clore notre séance, je l'invite à réfléchir.

Préoccupée par cette idée d'une féminité dangereuse, Aurélie revient alors sur ce passé de femme où semble régner la sérénité. Elle évoque à nouveau les compliments de ses amants, émerveillés devant tant de sensualité, jusqu'à cet autre qui se fera violence pour ne pas capituler devant ses charmes.

– Je vois ce qu'il voulait dire. Il avait donc raison de se méfier ! dit-elle alors que je sens l'inquiétude pointer le bout de son nez.

– Il ne s'agit que de fantasme. Lui aussi avait droit aux siens, à ses propres peurs. Son désir l'effrayait peut-être plus que votre féminité torride ?

– Oui, je suis un peu prétentieuse. Je n'étais peut-être pas si bien que cela, répond-elle, à mi-chemin entre la vexation et l'apaisement.

Je ne peux m'empêcher de lui sourire, songeant à une autre belle, Laurence, qui s'interrogeait à voix haute sur le choix de son mari : « Pourquoi moi, qui ne suis pas un canon de beauté, alors qu'il aurait pu avoir celle qu'il voulait parmi les plus jolies ?... » Un peu plus tard : « Il est extrêmement jaloux. En soirée, il n'est pas tranquille quand je bavarde avec un homme... » Un peu plus tard encore : « Ma sœur m'a toujours enviée, si bien que j'ai pris l'habitude de minimiser mes atouts et même de me dévaloriser. Elle a toujours eu le sentiment d'être moins jolie. Elle a compensé par les études. Elle a bien réussi, d'ailleurs... dans ses études, en tout cas ! » Comme Aurélie, et bien d'autres avant et après elle, Laurence se sentait tiraillée entre la jouissance d'exprimer la pleine puissance de sa féminité et la culpabilité d'affirmer ce qui pourrait faire violence à quelqu'un.

À la lumière de ses réflexions, je comprenais mieux le look déstructuré d'Aurélie. Quand sa combinaison masculine niait la féminité de son corps, son couvre-chef, des plus visiblement féminins, l'affichait. Mme Jessica Rabbit[1], dissimulant son impertinence derrière le désespoir d'une grande tragédienne, ne fait rien d'autre en bousculant de ses seins, comme gonflés à l'hélium, l'homme face à elle, totalement hypnotisé par ses rondeurs : « Ce n'est pas de ma faute, j'ai été dessinée comme ça ! »

Aurélie continue à s'interroger :

– Je devais tout de même être assez sensuelle pour vivre ma première relation sexuelle à 15 ans. Je l'ai évidemment cachée, non par pudeur, mais pour éviter de choquer mes parents. J'avais vraiment le sentiment de tordre le cou à un interdit.

– Tordre le cou ? La sexualité vous métamorphoserait-elle en Mrs Hyde ?

Elle rit.

– Mes parents sont un modèle : une bonne éducation, jamais un mot plus haut que l'autre. “Ils ont réussi”, répète-t-on chez nous. Réussi quoi ? Leur couple, la famille ?... En tout cas mieux que tante Mireille. Vraiment, elle a fait le désespoir de mes grands-parents. Je me souviens d'une dispute entre elle et sa mère à propos de son comportement. “Que veux-tu, avait-elle répliqué en riant, ce sont mes hormones !” Ma grand-mère avait fondu en larmes.

Bien que l'histoire de tante Mireille n'en soit évidemment pas l'origine, tout juste un point d'appui, son souvenir permet de lever le voile sur la confusion faite par Aurélie, interprétant la souffrance de sa grand-mère comme le résultat de l'agressivité de la pulsion sexuelle.

1. Femme du célèbre personnage du film *Qui veut la peau de Roger Rabbit ?* de Robert Zemeckis.

Le ballet des souvenirs reprend dans ma mémoire. Jean-Bernard, m'avouant avec difficulté : « Je suis incapable de demander une... fellation à ma femme, ni même qu'elle m'offre son dos, j'aurais le sentiment de lui manquer de respect, de la souiller. » Dimitri : « Faire l'amour à une fille d'un soir, c'est facile. On sait l'un et l'autre ce qu'on est venus chercher et on repart satisfaits. Mais imaginer que celle que j'aime soit la fille d'un soir d'un autre, qui ne pense qu'à la... Je sais comment sont les hommes ! » Quel mot avait-il sur le bout de la langue et qui, jugé trop vilain, l'avait interrompu ? Baiser ? Sauter ? Culbuter ? Prendre, peut-être ? Non. Monter ? Plus violent encore : niquer ? Fourrer ? Ramoner ? Défoncer ? Bourrer ? Déchirer ? Et la liste n'est pas exhaustive ! C'est dire combien la sexualité flirte aisément dans l'inconscient humain avec l'agressivité. Une agressivité que Francis, anormalement pétri de douceur, craignait au plus haut point : « J'ai peur de lui faire mal ! » me disait-il alors que lui-même était venu me consulter pour des douleurs ressenties au niveau du gland lors des rapports sexuels. Mon esprit vagabonde jusqu'aux tatouages de gros durs qui affichent avec une discutable élégance : « Toutes des salopes, sauf maman ! » La vierge ou la putain, la mère ou la putain, le sexe ne pouvant mettre en scène, quoi qu'il arrive, que la seconde ? Le sexe changeant la première en la seconde ? Mais qu'est-ce qui fait de la femme une putain, si ce n'est la violence du fantasme – masculin et féminin – projeté sur elle ?

Si le discours masculin raconte plus explicitement la confusion entre pulsion sexuelle et pulsion agressive, du fait peut-être de la position pénétrante qui affiche plus ouvertement une expression intrusive et violente, la femme aussi exprime cette idée. Parce que la pulsion évoque la soudaineté, l'incontrôlable, l'expression puissante de son besoin et ainsi la manifestation de son individualisation, elle est très naturellement associé à l'expression d'une violence faite à l'autre. Au moment de l'éveil de la pulsion orale, le nourrisson acquiert le moyen de son autonomie vis-à-vis de sa mère. La pousse des dents s'accompagne d'une pulsion « sadique » salutaire à son évolution. Il n'y a là que fantasme, car l'enfant, s'il n'a pas dévoré sa mère, l'a toutefois bel et bien dépossédée de la puissance de son rôle nourricier. J'ouvre à ce sujet une parenthèse : il me semble que l'échec des régimes fondés sur une alimentation liquide ou semi-liquide (poudre, bouillie, purée, laitages...) résulte de la négation de l'agressivité naturelle de l'individu. Sans elle, il se trouve dans une position régressive, celle du nourrisson, et donc dépressive, réouvrant la porte à la fringale et aux kilos. L'être humain, pour faire preuve de sa pulsion de vie, a besoin de mâcher. Cette position active lui permet de se construire en lui et non dans ou par l'autre. Ce qu'exprime parfaitement l'expressions : « Mordre la vie à pleines dents. » La pulsion anale, autre manifestation d'autonomie, donne de nouveau à l'enfant le sentiment d'une violence faite à la mère, désormais privée de son rôle de soins. Tout en délicatesse, les « je t'emmerde » illustrent poétiquement l'agression projetée, quand les « tu m'emmerdes » racontent la douleur du bébé crotté à la merci des soins maternels.

Son heure venue, la pulsion sexuelle va signer la capacité propre de l'individu, dans une volonté d'expression d'adulte. La représentation fantasmatique concernant son sexe, nourrie par ces longues années d'attente entre pulsion (dès l'âge de 2 ans et demi, 3 ans) et fonction (dès la puberté), donne à la sexualité un caractère plus mystérieux encore et en fait donc le lieu de toutes les angoisses et de toutes les culpabilités. Ainsi, dans un aveu teinté de honte, Aurélie avait connu, à 15 ans, « l'arrogance » (l'indépendance) des élans de son sexe.

Au cours des séances suivantes, je reprenais avec elle la lecture de ses pulsions sexuelles : des élans qui, comme tante Mireille, la rendaient, à ses yeux, coupable vis-à-vis de ses parents – à cause de ce sexe, si volontiers gourmand qu'il n'avait pas craint de braver, dès ses premières inspirations, les silences de l'éducation. Des silences qui avaient rendu plus inquiétantes encore les pulsions inexpliquées. Adolescente, Aurélie faisait tourner la tête aux hommes... c'est dire, aux yeux de sa représentation imaginaire, l'étendue de son pouvoir d'attraction ! Ce qui pour une autre peut fonder l'assurance narcissique, la reconnaissance de son état de femme et la légitimité de son développement sexuel, Aurélie l'entendait comme un don coupable et violent. Un élan si puissant qu'elle l'envisageait dangereux. Un élan sur lequel il lui semblait plus sage de garder le contrôle, à moins d'en être protégée par une puissance plus grande : celle d'un homme plus mature, par exemple, afin que ses désirs ne la rendent pas ogresse. Ne dit-on pas de certaines femmes qu'elles sont des mangeuses d'hommes ? A-t-on entendu, seulement une fois, un homme être qualifié de mangeur de femmes ?

– Je pense à ma mère qui dit souvent à mon fils, en le couvrant de baisers : "Je vais te manger, je vais te manger !" Mon fils est hilare. Je sais qu'il entend tout l'amour de sa grand-mère, mais moi, ça me met toujours mal à l'aise.

L'amour qui dévore faisait, dans cette séance, sa réapparition.

– Comment comprenez-vous ce malaise ?

– Je ne sais pas... Une crainte sur la limite entre jeu et déplaisir... À tel point que souvent, je les interromps. Je lui dis qu'elle l'énerve, qu'il doit se coucher, manger, faire sa toilette, que sais-je. Comme c'est en partie vrai, ma mère obtempère et ça me rassure.

– L'amour fragiliserait les limites entre jeu et déplaisir ?

Elle me regarde quelques secondes, puis scrute le tableau au-dessus de moi. De mon côté, je pense à Sarah qui ne s'accordait de désir pour son mari aimé que dans ses rêves « aux allures torrides », me disait-elle avant de s'effrayer de cette position active, voire dominante, qui trahissait toute l'intensité de ses pulsions. Et Colette, que je revoyais après un voyage d'affaires qui l'avait éloignée de Paris et de son mari trois mois durant : « Je ne sais pas ce qui m'a pris, j'ai eu une aventure. Mon couple n'est pas en danger, mais je me sens coupable. D'avoir connu un autre homme ou de m'être autorisée une liberté comme jamais avec mon mari, je l'ignore. Il était "beau gosse", plutôt voyou, pas grand-chose à voir avec mon univers. Je n'ai eu aucun mal ni aucun regret à le quitter. Quand j'y pense, c'est moins de cet homme dont je me souviens que de moi. Je ne m'imaginais pas capable d'une telle détermination dans l'acte sexuel... Pourquoi mon mari ne suscite pas cette folie charnelle, je n'arrive pas à le comprendre ! » *Folie charnelle,* écrit en néons rouges, clignotait entre nous. Qu'est-ce que la folie si ce n'est la perte des repères et du contrôle de soi ?

Le danger était donc bien là. Comment s'y serait-elle risquée avec celui de tous les possibles, avec celui des constructions, avec celui auprès de qui elle bâtissait sa vie ? Folie également menaçante pour Estelle, qui se gardait bien de goûter aux lèvres de son mari, le père de ses enfants. Alors que les femmes se plaisent à répéter l'impossibilité d'une sexualité sans amour (à moins que ce ne soient les hommes qui préfèrent se rassurer en ne l'envisageant pas autrement pour elles), Aurélie et les autres, dans leurs quêtes passées ou « accidentelles », ne disent rien d'autre que le besoin, pour éprouver librement l'ardeur de leur désir, d'être à bonne distance de l'homme qu'elles aiment. Elles redoutent, auprès de leur mari, que fasse irruption au sein d'une relation équilibrée, responsable, une violence non maîtrisée d'autant plus forte, comme le suggérait Colette, que leur amour est grand, solide. Ces femmes et, d'une façon identique, ces hommes, David, Vincent, Francisco, Jean-Bernard, Dimitri, Francis et d'autres, semblent craindre le trop-plein d'agressivité de leur sexualité. À bonne distance du lien amoureux, les ébats « extraconjugaux » libèrent les pulsions, cette lutte de pouvoir qui exprime des fantasmes dominant/dominé dont est pétrie la sexualité. Comme le disait si bien Dimitri : « On sait l'un et l'autre ce qu'on est venus chercher et on repart satisfaits. » L'autre n'est qu'objet du désir sexuel et non objet aussi d'un désir amoureux qui engage plus que jamais aux responsabilités. Est-ce à dire que l'adultère est le remède aux pannes du désir ? Non, car il ne résout pas le malaise du couple.

Aurélie jette un coup d'œil à sa montre. La séance s'achève.

– Je pense à ma mère qui me disait souvent quand j'étais petite : "Si tu aimes maman et que tu veux lui faire plaisir, sois sage, sois gentille, ne fais pas ça, ne parle pas trop fort... etc." Toujours ce règne du silence !

Voilà ce qu'elle est venue chercher dans mon cabinet, et déjà bien avant dans son choix professionnel, et encore plus tôt auprès d'un amant expérimenté : les mots. Mettre des mots sur ses pulsions sexuelles et faire tomber le masque effrayant de la violence quand il ne s'agit que de liberté. Dire pour que cesse le silence. Pour que le silence de son désir ne soit plus l'unique preuve de son amour. Il a encore la part belle, puisqu'il nous faut clore cette séance, mais le voilà déjà inquiet. Aurélie, le sexe à la bouche, a enfin pris la parole.

Ève

« Des crises d'angoisse »

La virginité • L'image de soi • Liberté sexuelle et échangisme • Un homme qui me fasse rire • Un sexe énorme ! • La pornographie • Baisers, caresses et autres câlins d'enfance

La première fois qu'elle entre dans mon cabinet, Ève se présente d'un bloc. Tête rentrée dans les épaules, regard circonspect, elle scrute la pièce avec une certaine défiance – réflexe courant lors d'une première consultation. Comme dans les dessins d'enfants, sa robe est unie, simple, et semble couvrir un corps sans volume. Je l'observe pendant qu'elle inspecte mon cabinet, et je l'invite à prendre place. Cette jeune femme d'une trentaine d'années, pourtant gracile, s'avance alors jusqu'au fauteuil d'une manière raide et mécanique. Une fois assise, elle ne s'accorde pas plus de confort. Sans dire un mot, elle me tend une enveloppe sur laquelle je reconnais l'écriture du médecin qui me l'adresse. Le temps des quelques secondes que dure ma lecture, je la sens poursuivre son examen des lieux : le mobilier, les fusains et sanguines accrochés au mur, la bibliothèque, une silhouette passant devant la fenêtre de mon rez-de-chaussée... Ses yeux enfin reviennent sur moi ou, plus exactement, sur mes escarpins ! À l'instant où je replie la feuille, elle rompt brusquement le silence :

– J'ai vos coordonnées depuis presque six mois !... Mais il m'a fallu tout ce temps pour prendre rendez-vous.

Huit mois et demi, pour être exacte. La date du courrier ne m'a pas échappé. Cette entrée en matière, comme son attitude corporelle, me disent toutes les précautions qu'elle a prises pour venir à ma rencontre. Aussi, plus que jamais, je vais veiller à respecter le temps nécessaire à la tranquilliser.

Je lui demande, en complément des informations transmises par son médecin, la raison de sa venue. Son généraliste la trouve triste, abattue. Depuis peu, elle souffre de crises de tétanie. Les examens médicaux n'ayant rien révélé, le médecin a parlé de crises d'angoisse. Elle est donc venue consulter. Ève enchaîne son récit sur son manque de confiance en elle, sur ses crises, dont la fréquence augmente. Des crises qui la conduisent bien souvent à se dévaloriser. Je la laisse dérouler les grandes lignes de son histoire, « des plus banales ! » précise-t-elle, comme si elle doutait soudain de la légitimité de sa démarche.

Elle a suivi et mené à son terme une scolarité normale. Ses parents étaient séparés « comme tant d'autres ». Elle est peut-être un peu morose, me confie-t-elle, « mais comme tout le monde quand il fait gris », s'empresse-t-elle d'ajouter. Pas de grands traumatismes, en effet, à se mettre sous la dent. Ève va bien, hormis, bien sûr, ces « quelques petites crises d'angoisse... ».

– Bref, pas de quoi fouetter un chat ! conclut-elle avec sévérité.

Pour clore notre première séance, je lui donne ma carte de visite. Pour qu'elle y note notre prochain rendez-vous, mais aussi pour qu'elle y lise ma spécialité. Il m'arrive très souvent de surprendre un certain soulagement sur le visage de patients qui viennent au cabinet sans savoir, sur la recommandation d'un généraliste (prendre la décision de consulter un sexothérapeute nécessite en effet un courage qu'il est parfois difficile d'assumer). Mais là, sur le visage d'Ève, je ne déchiffre rien de particulier. Ni détente ni crainte visibles, juste une légère attention, posée, sérieuse, circonspecte, sur l'énoncé de mon titre : sexothérapeute.

Au cours des semaines qui suivent, je prends l'habitude des petits silences qui séparent mes questions de ses réponses. À bien y réfléchir, ces silences ne sont pas absolus. Souvent, ils s'agrémentent d'un *euh...*, qui s'étire comme un élastique. Un *euh...* qui s'accompagne fréquemment d'un geste, celui de son index droit pointé sur le front ou les lèvres. Je dirais aujourd'hui, à la lecture des séances passées, qu'Ève répondait aux événements nouveaux de sa vie comme à mes questions : en adoptant l'attitude d'une enfant et non celle de la femme de 30 ans qu'elle était. Elle se donnait du temps, toujours plus de temps et, chaque fois qu'elle faisait un trop grand pas en avant, quelques petits entrechats lui permettaient d'assurer un retour en arrière. La prudence est le terme qui la qualifiait certainement le mieux. Prudemment donc, sans renoncer à son besoin de contrôle, Ève a, au fil des séances, complété le tableau de son histoire.

– Ça me prend subitement, sans raison... Ça démarre comme une boule dans le ventre, puis mes muscles se contractent exagérément et douloureusement. C'est comme si j'avais les poumons comprimés, me raconte-t-elle un jour, alors qu'une nouvelle crise avait précédé notre rendez-vous. Ma respiration s'accélère, puis ma tête tourne et j'ai peur de m'évanouir.

Plus que jamais le symptôme est à l'ordre du jour.

Ève n'est pour le moins pas une fille très expressive, tant dans son corps que dans ses mots. Tout est posé, mesuré... Ou tout s'efforçait de l'être puisque des crises subites de tétanie s'emparent d'elle depuis le jour de ses 30 ans. Quelque chose en elle tente d'émerger. Quelque chose se rebelle. Qu'est-ce qui gronde ainsi, bouleversant la tranquillité d'une existence « comme celle de tout le monde » ? Quelle crainte, que son corps refusait d'entendre, fait aujourd'hui parler le silence ?

– Euh... C'est un peu comme si mon corps se mettait en marche tout seul, s'emballait et me faisait perdre le contrôle de moi-même !

Une mise en marche initiée par une « boule dans le ventre » ? Un emballement ? Une perte de contrôle ? Comment ne pas entendre dans sa description – contraction des muscles abdominaux puis du reste du corps, respiration haletante et enfin lâcher-prise – le symbole d'une manifestation sexuelle et, peut-être plus encore, d'un orgasme. Évidemment, je ne lui dis rien de cette analogie qui me traverse l'esprit. Après tout, il pourrait tout aussi bien s'agir d'un accouchement ou d'autre chose encore. Je m'ordonne la patience, Ève doit faire sa découverte seule.

Un autre jour, elle me parle de cinéma. Elle a vu *Le Journal de Bridget Jones*. Pour la première fois, je la vois rire. Ce film, qui retrace avec beaucoup d'humour et d'esprit critique l'histoire d'une jeune célibataire en quête du Prince Charmant, lui donne l'occasion de plaisanter. Certaines séquences la renvoient à sa propre maladresse, et elle s'en amuse. Puis elle enchaîne sur *Le Fabuleux Destin d'Amélie Poulain*, qui met en scène une jeune fille, très innocente, qui se laisse prendre par l'amour. Ce film, elle ne saurait dire pourquoi, l'attendrit. Naturellement, presque sans s'en rendre compte, Ève glisse alors sur son célibat. Tout empruntée et rougissante, elle me parle tout à coup de sa... « virginité ». C'est le mot, tout simple, qu'elle emploie. Ève, jeune femme moderne, a donc 30 ans et pas de pomme sur sa route. Elle est vierge.

Comment vivre cette première expérience à 30 ans ? Comment un homme comprendrait-il sa maladresse de débutante ? N'était-ce pas trop tard ? Les premières questions suivent rapidement l'« aveu ». Enfin libres, elles se bousculent, chacune réclamant son tour, sur un ton chaque fois un peu plus affirmé. Le temps qu'Ève s'était accordé lui semble brusquement jouer contre elle. Pensez donc ! Ni amies ni sœurs n'ont jamais reçu cette confidence. Pourtant, les unes comme les autres, dans la tranquillité de leurs relations amoureuses, détiennent certainement les explications précieuses, c'est du moins ce qu'Ève ne peut s'empêcher de penser.

Aujourd'hui, mon cabinet lui est devenu familier et je la sens apaisée. L'habitude peut-être, mais pas seulement, car voici quatre séances que ses crises d'angoisse ont révélé un peu de leur sens. Fini l'idée du symptôme fou, isolé et inexpliqué. Verbalisé, il a levé le voile sur ce qu'Ève n'osait jusqu'alors aborder ou s'avouer. En messager qui a effectué sa mission, depuis ce jour, son corps semble avoir cessé sa plainte. Ève comprend que ce qui l'avait rendue pudique l'avait en même temps rendue honteuse et plus muette que jamais. Son corps, alors qu'elle rentrait chez elle en métro, le jour de ses 30 ans, avait « fait parler » ce silence. Ses crises de tétanie, brusquement, ont dit ce qu'elle s'interdisait d'entendre. Dans un paquet cadeau, certes curieusement emballé, son désir s'offrait enfin à elle.

Il existe un phénomène étrange et amusant, en thérapie, que je ne cesse d'observer depuis le début de ma carrière et qui réussit toujours à me surprendre : un patient n'arrive jamais seul ou se révèle être le premier d'un petit groupe qui le rejoint très vite. Ainsi – elle l'ignorait bien sûr – Ève avait eu son précurseur, Philippe, et ses suivantes, Aline et Natacha, ou encore Valérie, à quelques séances de là. Tiens ! Pas d'Adam sur la liste ! Cinq hommes et femmes donc, la trentaine et la virginité pesante, avaient poussé, à quelques jours d'intervalle, la porte de mon cabinet.

Aujourd'hui, Ève a mis du rouge à lèvres, non pas un brillant discret comme ces derniers temps mais un joli bois de rose assorti à son corsage. Voilà deux séances qu'elle témoigne de sa nouvelle aisance par des effets de maquillage, des bijoux. Une recherche plus affirmée coordonne ses vêtements. Ce jeudi, elle a même lâché ses cheveux blonds retenus jusqu'alors par un gros élastique. Je découvre une jolie jeune femme qui s'affirme et se risque aux regards des autres, ou tout au moins du mien.

– Depuis quelque temps, vous manifestez un intérêt particulier pour votre apparence. Y prenez-vous du plaisir ?

– Oui, c'est agréable, répond-elle gaiement. Je commence même à demander conseil dans les boutiques ! Les vendeuses sont assez gentilles... L'une d'entre elles m'a fait essayer un petit pull moulant ! Je n'ai pas osé l'acheter, mais je ne dis pas que je ne le ferai pas un jour...

Pour la première fois, je surprends sur son visage un air coquin plein de promesses. Mais n'allons pas trop vite car, pour l'heure, c'est à peine si je devine la rondeur de ses seins dans les plis amples de sa chemise...

– J'y vais tout doucement... Quelques copines semblent avoir remarqué mes efforts et m'encouragent. Un copain aussi m'a dit hier que j'étais très jolie... C'est amusant, c'est un peu comme s'ils jouaient à la poupée avec moi !

– Toutes et tous voient en vous la femme que vous êtes ! À vous maintenant de la voir.

Cette rectification ne semble lui convenir qu'à moitié. Comme il est étrange, ce regard que nous portons sur nous-mêmes : travesti par nos constructions psychiques, il crée l'écart entre la réalité de ce que nous sommes et la représentation que nous nous en faisons, parfois à des lieues de là. Creusée par nos peines et nos interdits, cette mise à distance, très souvent, devient fossé. Et notre regard, posé comme un mécanisme de défense, devient sans qu'on s'en aperçoive la prison qui nous enferme ; un regard tronqué, qui nous visse au sol de son arbitraire, auquel s'attache notre inconscient comme à une prétendue bouée de sauvetage, alors que chaque jour il n'est que plus handicapant.

– Je suis une pétocharde... Ève la pétocharde ! s'accuse-t-elle comme si elle était, à elle seule, une bande de petites chipies bousculant la plus fragile. *Euh...* La seule fois que j'ai pris les devants, c'était pour demander à un garçon qui me plaisait beaucoup s'il voulait sortir avec moi... J'avais 16 ans... J'ai dû avoir les mains moites et les joues pivoine. Nous étions dans le métro. Le cœur battant, partagée entre ma timidité et mon envie pressante, j'ai retardé et retardé encore l'échéance, jusqu'à lui faire ma demande au moment où il s'apprêtait à descendre de la rame... Je ne sais même plus ce qu'il m'a répondu, ni même s'il m'a répondu. Le fait est que, lui parti, je me suis sentie toute nue et totalement ridicule. J'étais mal. Devant tous ceux qui avaient assisté à la scène, mon corps prenait toute la place. On ne m'y a jamais reprise !

– Vous avez, en effet, veillé à ne plus vous exposer dans votre demande de femme. Reste que votre corps, lui, semble ne pas avoir oublié l'expression de votre désir, un désir légitime, aujourd'hui camouflé derrière un symptôme dont la mise en scène débute, étrangement, elle aussi dans le métro !

Ève me regarde gentiment, mais ses yeux marquent la surprise et l'interrogation.

– Cette histoire humiliante serait en lien avec mes crises d'angoisse ?

– En lien... Oui, certainement, puisque vous les associez dans une même séance. Mais pas un lien au sens où vous semblez l'entendre. Elle n'est pas plus responsable de vos crises que la réaction de ce garçon, que ce qu'il vous a dit ou pas, ni même que ces personnes dans la rame et ce qu'elles ont peut-être entendu, vu ou même pensé.

Au fil de la séance, comme au cours des suivantes, nous creusons cette histoire douloureuse et ce qui motive son souvenir aujourd'hui. Au rythme de ses capacités – et de son désir – à explorer ses constructions psychiques, Ève s'aventure à comprendre sa lecture de l'événement. Elle dit combien son élan vers ce garçon représentait alors pour elle d'interdits franchis, de culpabilité ou de ridicule. Et cette scène aujourd'hui la renvoie non pas tant à la réalité qu'à la perception qu'elle s'en fait. Son mal-être traduit et met en scène une compréhension déformée de l'histoire. Il semble en effet que, chez Ève, il y ait eu conflit entre le désir et le mécanisme d'évitement (sa demande faite précisément au moment où le garçon, sur le point de descendre, ne pouvait lui répondre), ou entre le désir et la non-reconnaissance. Ce conflit se rejoue à présent pour elle dans une symbolisation somatique (les crises de tétanie) racontant le jaillissement de son désir en même temps que son propre jugement, sa censure et déjà sa souffrance.

– ... Je sais que je dois passer à l'acte, me dit-elle un beau jour. Mais comment m'y prendre ?

J'entends sa question comme une urgence alors que son corps, lui, est tout raide dans le fauteuil. Nous parlons de sa virginité, qu'elle vit comme un poids. Ce qui fait, là, souffrance et symptôme n'est pas de n'avoir jamais fait l'amour, mais bien de devoir subir cette première fois. Son « ignorance » nourrit des fantasmes inconscients, et avec eux s'ouvre le règne de l'angoisse et de l'interdit.

– Peu importe que vous fassiez ou non l'amour, aujourd'hui ou demain, mais peut-être ne pouvez-vous ignorer plus longtemps que vous êtes une femme ?

– Je veux bien être une femme. Il le faut, je sais... Je devrais sans doute être prise en main... Mais comment rencontrer quelqu'un quand on est timide... ? Peut-être devrais-je essayer sur Internet ! achève-t-elle. Mais son sourire est empreint de tristesse.

Ses mots et son empressement tout à coup m'alertent. Je la sens si fragile, tellement vulnérable. Des années durant, afin de se protéger de ses peurs conscientes et inconscientes, Ève s'est évertuée à mettre entre parenthèses son érotisme. Puis son désir, qu'elle avait contraint au silence, s'exprime par le vecteur qu'il connaît, celui du corps et, brusquement, le voilà au centre de ses préoccupations. Le désir, parce qu'il ne peut être éternellement contenu, opprimé, cherche aujourd'hui sa réalisation. Incapable pour l'heure de prendre la responsabilité de sa sexualité, Ève se cache derrière l'urgence d'un acte à poser ou à subir – « je devrais sans doute être prise en main » – afin de soigner un symptôme. Et là voilà prête à s'en remettre au premier venu. Je l'imagine aisément, Petit Chaperon rouge insouciant, capable de tous les raccourcis à travers bois au risque de conforter ses peurs dans les bras de mauvaises rencontres... Une petite voix chuchote dans ma tête : tout doux, Ève, tout doux... Il n'y a pas d'urgence. Pas de grands sauts sans équilibre préalablement trouvé !

D'autres qu'elle, pour faire fi de leurs inhibitions, s'infligent ainsi dans l'urgence une « liberté sexuelle ». Sans le moindre ménagement, s'appuyant sur des références à la légitimité discutable, elles cheminent à grands pas vers le plus grand désordre, au risque de se retrouver bien loin d'elles-mêmes. Ces parcours périlleux sont légion. Je me souviens de Stéphanie qui avait éloigné, puis peu à peu éteint la sexualité de son couple et qui, au bras d'un amant, se blessait dans des clubs échangistes. Et de Lucille, qui rejetait subitement toutes ses attaches et ses responsabilités pour s'en remettre à une secte toute-puissante. Ou encore de Sofia, qui s'était offerte à des hommes de passage au grand dam de sa famille, et qui ne s'était pas plus trouvée qu'elle ne les avait rencontrés. Et toutes ces autres, au comportement fort heureusement moins spectaculaire ou dramatique mais qui, dans le confort de leur couple, s'abandonnent elles-mêmes et se meurtrissent trop souvent à l'orée d'aspirations qui leur sont bien étrangères. Les unes et les autres, inconsciemment, s'emploient à taire leurs désirs afin de se protéger de la culpabilité qu'elles associent à l'expression de leur sexualité. La sexualité active officialise en effet la destitution des rôles parentaux – réels et symboliques – jusqu'alors tout-puissants et protecteurs. Le refus d'assumer élans sexuels et position d'adulte conduit Ève et les autres à adopter un comportement de femme-enfant. Mais lorsque, comme pour Stéphanie, Lucille ou Sofia, le corps étouffé affirme plus fortement l'émergence de son désir propre, l'angoisse est telle qu'il vaut mieux s'en remettre à des relations de soumission et de manipulation totale. « Soumises », elles calment leur angoisse sans en être pour autant débarrassées. Bien au contraire. Encombrées par leur perception d'un désir qui serait violent et incontrôlable, elles vont, sans protection aucune, vers une réponse à sa mesure. Ainsi s'éloigne la possibilité de poser sur la sexualité un regard tranquille et d'avoir la pratique sexuelle douce et respectueuse – même quand elle est fougueuse – qui en résulte. Les adolescentes, d'une manière heureusement plus édulcorée, se cherchent dans ce type de fonctionnement. Aussi donnent-elles au voyou l'avantage sur le garçon « bien comme il faut ». Quand ce dernier oblige à sa part de responsabilité, l'indomptable, le turbulent, l'irrespectueux endosse, lui, toute l'expression du désordre et de la violence pulsionnelle. Mais il y a plus grave : quand l'inconfort est trop tenace, l'adolescent(e) se trouve écartelé(e) entre désir et peur de soi. Ce sont alors l'alcool et les drogues qui se mêlent à « la fête », éloignant toujours plus la prise en charge du corps et de son élan propre.

Ève bouge, remue dans le fauteuil. Je la vois, par ses mouvements incessants, essayer d'offrir à son corps un peu de confort. Mais la tentative reste vaine. Son dos ne s'abandonne qu'à moitié au dossier.

– Qu'imaginez-vous que votre corps et votre sexe attendent du contact d'un homme ?

– Je ne sais pas, dit-elle, tentant une nouvelle position.

Je m'apprête à reformuler ma question quand elle reprend :

– Euh... j'aimerais rencontrer un garçon qui me fasse rire ! lance-t-elle.

Qu'il me fasse rire ! Voilà donc la première des attentes féminines et plus particulièrement des attentes adolescentes. Être touchée jusque dans son corps, sans que le corps-à-corps ait lieu. De symbole en symbole, la femme chemine ainsi dans la compréhension qu'elle a de l'autre et de ce qu'il induit en elle de promesse de plaisir. Offerte au rire, gorge déployée, toute à la tension de ses muscles abdominaux, les joues en feu, les yeux humides et le souffle raccourci, sans la moindre culpabilité, elle s'offre au rire. L'homme y prend la mesure de son talent, la femme la liberté de son plaisir. Dans le silence qui s'installe, je m'évade jusqu'à... la sortie d'un collège. Près d'un groupe de jeunes femmes en herbe, fascinées par de touchants « p'tits mecs » aux allures d'homme, mes oreilles volent des bribes de conversation ponctuées des habituels « hyper, trop, super, vachement » et autre « méga top » traduisant symboliquement les débordements de leur désir de plaisir. Et voilà que quelques gloussements et vocalises retentissent, récompensant le héros du jour. Les rires s'effacent devant la réflexion déterminée d'Ève :

– J'adore que l'on me fasse rire !

Je lui propose de me raconter le cheminement, dans son corps, du plaisir de rire. Elle est un peu confuse, comme à chaque fois que je fais appel à son ressenti. Elle relève les yeux vers moi :

– Ce que j'aime, je crois, nuance-t-elle, c'est me sentir... touchée. Sentir qu'il y a quelque chose qui passe entre l'autre et moi, un lien. Et tout à coup ce sentiment d'échapper un instant à la lourdeur et à la raideur de mon corps, cette sensation de liberté... Bien sûr, c'est très bref. Chassez le naturel, il revient au galop ! conclut-elle en se tassant dans le fauteuil.

Je laisse défiler dans ma tête les rires de mes patientes auxquels se mêlent ceux du quidam : des rires timides, des rires gênés, des rires en sursaut, d'autres interrompus en plein envol, des rires cachés dans les mains ou derrière une mèche de cheveux, des rires aux lèvres pincées ou aux bouches grimaçantes, des rires tête baissée ou, au contraire, au cou lâché, à la tête abandonnée, des rires artificiels, des rires bruyants, exubérants, des rires coquets, des rires coquins, des rires aux larmes et des fous rires, tout un kaléidoscope de rires qui racontent déjà un peu de l'histoire de chacun et chacune, leurs aptitudes, leurs victoires, leurs interdits, leur culpabilité et leurs craintes. Le rire est si proche de la sexualité. Je les range et je reviens à Ève :

– Pourquoi n'envisager la liberté et la légèreté de votre rire que dans le seul pouvoir de l'autre ?

– On ne rit pas toute seule, à moins d'avoir un grain ! rétorque-t-elle.

– Lorsqu'on rit, est-ce parce que l'autre est drôle, ou parce qu'on a les moyens et plus encore le désir de rire ?

– Oh là là, c'est compliqué votre affaire !

– Le rire vous appartient. Si l'autre en est l'occasion, il naît à l'intérieur de vous, s'envole ou s'éteint, selon votre désir.

– Oui, acquiesce-t-elle, un peu déconcertée.

Peinant visiblement à me suivre, je viens à sa rencontre :

– Il en est de même pour la sexualité ! Vous êtes une femme. Vous avez un corps et un sexe de femme avec lesquels, à l'occasion de la rencontre avec un autre, vous pouvez vous exprimer.

Ses sourcils gardent la pose mais je poursuis.

– Pour l'heure, je vous propose de faire le point sur ce que vous savez des capacités de votre sexe, afin que vous puissiez partir à sa découverte. Un peu comme quand, bébé, vous avez testé votre aptitude au rire, aux gazouillis et aux cris, seule, dans la tranquillité de votre couffin, avant de les offrir ensuite aux autres, spontanément ou en réponse à la sollicitation de votre entourage.

Lors de notre séance suivante, les traits du visage d'Ève portent encore la marque de son interrogation inquiète. Je sens, ô combien, qu'il lui est difficile de prendre une position active et autonome.

– Je ne sais rien de mon sexe, me dit-elle alors. Je ne suis pas sûre d'en avoir une bonne image. Pas seulement du mien, du sexe en général... Tout ce que je vois ou j'entends sur le sujet n'est pas très engageant. C'est plutôt violent et sale, sans sincérité, animal. Je ne sais pas comment y trouver ma place.

– S'il vous faut repousser vos frontières, puisque vous ne voulez plus de votre virginité, il vous faut aussi définir vos propres limites. Celles que vous souhaitez respecter et celles que vous souhaitez que l'autre respecte. C'est à vous seule qu'il appartient de le faire. La sexualité offre un espace de grande liberté, mais personne n'est obligé de tout accepter. Ce qui est acceptable et satisfaisant pour l'une ne l'est pas nécessairement pour une autre. La sexualité est aussi une question de choix, de goût, d'histoire et de temps.

Je la sens désireuse de parler, mais les mots lui manquent ou sont encore imprononçables. Elle se tortille pour gagner du temps, sort un mouchoir en papier, le déplie et le replie plusieurs fois, puis tente enfin :

– J'ai peur d'une foule de choses, à commencer par... la pénétration elle-même. J'ai peur que ce sexe d'homme... énorme, me fasse mal et me déchire.

Un sexe énorme ! Une perspective qui ne manquera pas de plaire à nombre de messieurs ! Mais ne rions pas. De quoi Ève me parle-t-elle ? De son sentiment d'avoir un corps d'enfant qu'un sexe adulte ne pourrait qu'abîmer ? De l'empreinte douloureuse d'une éducation sexuelle dramatisant un hymen à percer ? (Le mouchoir en papier qu'elle manipule et fragilise en serait-il la symbolisation ?) Dote-t-elle le pénis d'une dimension et d'une action aussi démesurées que son désir ? Raconte-t-elle sa fragilité qui s'opposerait à l'idée d'une grande puissance masculine ? A-t-elle été effrayée par des images ou des films déformant le réel ?

Sur ce dernier sujet, je repense à toutes ces peurs exprimées dans mon cabinet en référence à la pornographie. Les femmes n'en sont que très rarement consommatrices. À ces gros plans crus sur la mécanique sexuelle, expression de la fantasmatique masculine, elles préfèrent, sans conteste, leurs rêveries érotiques (en grande partie inconscientes) et le voyage de leurs sensations tout au long de leur corps. Je les ai souvent entendues s'inquiéter à l'idée de laisser vivre et se développer leur érotisme de peur de voir surgir, pour elles et dans les yeux de leur partenaire, ces images qui leur font violence. Pour cette même raison, les positions sexuelles qui les amènent à tourner le dos à l'homme sont souvent les plus redoutées. Elles imaginent péniblement le regard masculin excité par les va-et-vient du pénis pénétrant une femme réduite à une croupe offerte. Même à distance du corps, les mots de la sexualité leur font craindre cette agressive impudeur, ainsi redoublent-elles de défenses à l'abord de certains sujets.

Difficile en effet de les aider à faire la différence entre la liberté du corps, du sexe et de son exploration, et la caricature offerte au tout-venant par la pornographie, la publicité agressive et les « shows » annoncés « érotiques ». Il ne se passe pas un été sans jeux et tests pour mesurer l'érotisme, sans conseils pour rompre la routine du couple s'appuyant sur les fameux clichés des lieux insolites, des dessous affriolants, des tenues provocatrices, des cours de strip-tease ou des parties fines. Déguisée en fille de joie, caricature d'elle-même, la femme a-t-elle quelque chance de se sentir tranquille et libre dans sa sexualité ? Quand certaines, croyant y trouver la réponse à leur question, s'y aventurent, elles se le font payer, souvent très cher, en inhibitions accrues. La violence de l'interdit ne cesse de s'opposer à la violence du désir, et réciproquement. La pornographie ne fait pas seulement du tort aux femmes en les réduisant à des objets. Bien souvent seul outil de « l'éducation sexuelle » masculine, elle impose aux hommes, en gros plans, un rythme et des performances illusoires, un type de relation, une norme corporelle que seule une autre fiction peut égaler. Je songe à Philippe, entre autres, pas très sûr de lui, qui avait trouvé dans la pornographie l'assurance de son infériorité. Il avait passé son adolescence à s'informer avec les copains des différentes techniques sexuelles en regardant des films pornos. Ne pouvant, bien évidemment, se montrer à la hauteur de ce qu'il y voyait, il a développé des complexes tels qu'il s'est trouvé vierge à 34 ans et plus que jamais angoissé à l'idée de « passer à l'acte » comme il serait « passé à la casserole ». De séance en séance, il s'est attaché à reprendre la mesure du réel, à découvrir son « véritable » corps, et a pu renoncer à l'image pornographique de « super-héros » du sexe qui l'encombrait. Image dont peu de femmes, entre nous soit dit, s'accommoderaient. Attendu pudique et soumis, le sexe des femmes ne les expose pas à ce genre de dérive. Mais la pression des magazines, truffés de pages de mode, d'images publicitaires totalement virtuelles, de régimes minceur, de conseils de beauté, d'invitations à la libération et l'épanouissement sexuels, ne les épargne pas davantage. On leur vante les attraits de la beauté, de l'élégance pour elles-mêmes (épanouissement personnel oblige) alors que leur objectif n'est, bien entendu, que de séduire (rassurer ?) l'Homme. Arrêtons d'être dupes. Avant de correspondre à une image, il faut s'interroger sur le désir d'y correspondre et le supplément de liberté que cette image peut nous apporter ou non.

Le bruissement du mouchoir en papier qui se déchire entre ses mains me ramène à Ève. Alertée, je m'apprête à la rassurer en lui racontant son sexe de femme, une cavité dont les parois se touchent pour s'écarter tout naturellement à la mesure d'un pénis, et jusqu'à dix centimètres pour permettre le passage d'un bébé. La gaine (*vagina* en latin) tiède, souple et moelleuse, longue de sept à dix centimètres au repos, est capable de s'étendre à plus de 50 %. Peut-être aussi me faudrait-il lui parler du pénis et de ses mensurations en parfaite adéquation avec son sexe de femme : sept à dix centimètres au repos, puis douze à dix-sept en érection pour environ quatre centimètres de diamètre ? Je me ravise. Tout ça est vraiment trop mathématique !

Devrais-je alors parler à Ève de ce préliminaire délicieux qu'est le baiser ? De ce temps de flirt qui permet le rapprochement des corps par l'érotisation de la zone orale. De cette merveilleuse occasion de réduire en douceur la distance entre soi et l'autre, comme aux premiers temps de vie, où l'enfant apaise la douloureuse distance entre lui et sa mère au travers de la tétée, puis entre lui et les objets en les ramenant à sa bouche, non pour les manger, mais pour les faire à soi, de soi. Puis au temps de l'adolescence, ce baiser devenu sexué qui est déjà cette première pénétration pour tenter de faire un avec l'autre, de se mêler à l'autre. Un baiser, partagé sur une inspiration, premier contact de deux amants, pour s'inspirer justement de l'odeur de l'autre et des promesses de douceur ou de fougue ; un baiser comme mise en bouche de l'amour. Mais peut-être aussi déjà l'avertissement d'une maladresse, d'une non-écoute, d'une incompatibilité.

Devrais-je lui parler des caresses ? De cette autre occasion de découverte et de rencontre des corps, qui permet de vérifier la bienveillance et la tranquillité du contact. Les femmes en sont souvent friandes et les réclament sur toute l'étendue de leur corps. Elles retrouvent dans ces mains qui se promènent sur elles leur propre cheminement psychique en quête de leur sexe. Mais si elles y associent volupté, sensualité et érotisme, et les attendent dans la liste des préliminaires comme un rituel magique ouvrant les portes de leur sexe, il faut avouer que souvent les femmes désexualisent ces gestes, y trouvant la réassurance, la reconnaissance, un câlin au goût d'enfance que la sexualité vient alors brutalement déranger. On peut alors comprendre la résistance masculine à ces caresses réclamées qui les transforment en marchands de sable quand ils en attendent l'éveil d'un désir débridé !

Me faut-il apaiser la crainte de ce qu'Ève imagine être une intrusion violente de l'homme en l'aidant à être attentive au langage des corps afin qu'elle se sente toujours libre de l'écriture ou non d'un nouvel épisode amoureux ? Afin qu'elle s'offre aussi du temps et que, étape par étape, elle mesure sa place et ses possibilités ? Je me prépare, un peu hésitante, au déroulé de toutes ces réflexions, mais Ève me précède dans mon élan :

– J'ai peur d'être un objet, consommé et jeté comme un kleenex, commente-t-elle les yeux humides avec une moue d'enfant, en tentant de rassembler les deux lambeaux de papier.

Ces mots coupent net le moulin qui s'était un peu emballé dans ma tête. Il me semble, derrière cette phrase toute faite, entendre une douleur ancienne, la douleur qui aujourd'hui alimenterait sa crainte de la sexualité jusqu'à l'interdire. Je la regarde qui tente de retrouver le carré de papier d'antan, qui définitivement ne sera plus. Son doigt enfantin posé sur ses lèvres ou sur son front me retient comme le signe de son attachement au passé. Il me semble reconnaître alors une grande peur de l'abandon illustrée dans sa façon d'étirer le temps, dans sa crainte des ruptures, dans la douleur à ses 16 ans, celles des portes de la rame de métro qui se referment sur la non-reconnaissance et le non-aboutissement, la laissant seule avec la peur de perdre jusqu'au contrôle de son corps.

Ève tente encore l'impossible. Plus fragile que jamais, le papier peluche et s'éparpille sur ses genoux. Délicatement, elle rassemble les boulettes dans le creux de sa main avant de la refermer, comme si elle contenait un bien précieux. Je la vois qui tente, les yeux rivés sur son poing fermé, de retenir son émotion.

– Qu'est-ce qui vous fait croire que vous seriez utilisée puis jetée ? lui dis-je doucement.

– Ma vie professionnelle, de CDD en CDD et pire, maintenant, de période d'essai en période d'essai... et... (Elle éclate brutalement en sanglots)... déjà ma vie de petite fille !

Ève tente de se reprendre et s'excuse. D'un regard, je l'invite à prendre le temps de son chagrin. Elle s'y abandonne sans plus de résistance et tout son corps l'accompagne de tremblements.

Au fil de nos séances suivantes, elle me parle de son père parti lorsqu'elle avait 3 ans. Parti comme ça, sans raison. Parti pour de vrai, et pour toujours ou presque, puisque ce n'est qu'à l'occasion qu'il déjeune avec elle. De ces déjeuners tant attendus mais toujours décevants car ils ne lui apportent jamais la réponse aux questions qu'elle ne pose d'ailleurs pas, comme si elle était encore l'enfant subissant les événements. Après le départ de son père, la vie s'est arrêtée, ou tout au moins ralentie. Sa mère n'a pas connu d'autre homme. Et Ève, abandonnée, attend toujours, dans son grand corps de femme, les jeux et la reconnaissance d'un papa attentif au développement et à la construction de son enfant. Mais quand le corps d'adulte réclame ses droits et qu'il « se met en marche tout seul », tout se bouscule. Parce qu'elle craint de perdre à tout jamais ce qu'elle attend et qui n'est pas venu, Ève refuse d'écouter son désir. Ce désir qui, le plus sûrement, nous éloigne de nos parents. Ce désir qui, lorsqu'on l'a, enfant, bu, senti, nous rassure sur nos capacités à aimer. Ce désir grâce auquel aussi, adulte, nous nous réalisons.

Ainsi pleine de désir, Ève n'ose pourtant pas grandir.

Sibylle

« Il est parti à cause... du cul ! »

Ils n'en veulent qu'à nos fesses ! • Et si l'orgasme, ça n'existait pas ? • Vertus sexuelles de la routine • Par devant, par derrière, sur le côté

Elle était arrivée six mois plus tôt, les yeux rouges et gonflés. Comme un automate, elle avait traversé la pièce et s'était laissée tomber dans le fauteuil où, le visage entre les mains, elle s'était mise à sangloter. Je l'avais invitée à prendre un mouchoir en papier dont la boîte était dissimulée, face à elle, derrière une petite porte secrète dans l'épaisseur de mon bureau. Elle avait découvert la cachette avec étonnement et ce stratagème eut le mérite de divertir son chagrin. Ses larmes séchées, elle m'avait alors confié ce qui l'avait conduite à cette consultation : sa récente rupture amoureuse.

L'amour n'est pas fait pour elle. Inutile de la bercer de l'espoir d'un temps meilleur pour un homme meilleur. Seuls ceux qui n'ont pas connu les affres et les déchirures d'une rupture peuvent prétendre l'insouciant : « Un de perdu, dix de retrouvés ! » Je convenais en mon for intérieur qu'un amour perdu est en effet un amour perdu et que, même si elle offre la place à un autre, la perte d'un être aimé est douloureuse. Ces avertissements posés, Sibylle reconnaît qu'elle n'a certes pas beaucoup d'expérience sexuelle, et donc amoureuse puisque, me précise-t-elle d'un même élan, l'une ne va évidemment pas sans l'autre, mais que ses trois ou quatre histoires lui suffisent amplement à cerner la gent masculine.

– Ils ne cherchent pas l'amour. Seulement leur jouissance, dont il faudrait en plus que je sois l'objet. Je me demande comment font ces filles soi-disant offertes et qui, gorge déployée, se plaisent à prolonger leur prétendu orgasme !

Fabrice, son Fabrice, était parti pour une autre, ou plus exactement pour le sexe d'une autre. Un sexe sans état d'âme et qui pour l'instant, selon Sibylle, jouait la comédie du bonheur.

– Non, mais franchement, il faudrait qu'ils se voient. Les hommes sont grotesques ! À la moindre femelle qui se trémousse, poursuit-elle, dégoûtée, les voilà tous muscles bandés. Enfin il faut le dire vite, surtout concernant Fabrice. Ah ! C'est qu'il les aime, les gratins de sa mère ! C'est pathétique ! Aucune finesse, aucune recherche. C'est qu'ils n'ont pas que ça à faire, ils vont "droit au but".

Elle poursuit dans une colère aux allures de *one woman show* face à laquelle je garde l'air sérieux. Mais son expression me fait faire un pas de côté. J'imagine un stade bondé d'hommes surexcités, s'égosillant en voyant le ballon rond pénétrer dans une grande cage insuffisamment protégée et se mettant à hurler, dans un cri orgasmique à en perdre le souffle : GOAAALLLLLLL ! En même temps qu'une certaine tendresse, je ressens une pointe de culpabilité à l'idée de me moquer de cette foule en délire : ne s'abandonne-t-elle pas, très légitimement, à son instinct et à sa jouissance virile ? Mais très vite, je me reprends. Il ne faut pas pousser, tout de même ! Après tout, j'ai aussi ma position de femme « allergique » à tenir.

Le show de Sibylle capitule devant sa souffrance. Le brusque abattement de son corps traduit un pénible sentiment d'impuissance : il est peut-être moins question du désir de Fabrice que de son non-désir à elle. Car pourquoi faudrait-il effacer le sexe ou au contraire y répondre au nom exclusif de l'amour ? Ne peut-elle laisser vivre la « femelle » sans l'accuser de vice ou d'indécence ? Au fil des séances, ces questions lentement formulées laissent la place à une audace prudente.

– Je n'ai jamais... Enfin, ce n'est pas mon truc... Je ne sais pas si ça peut changer avec le temps, ou si ça... s'apprend. Je crois que je n'ai jamais joui... Ou je ne sais pas ce que c'est. Je me demande d'ailleurs si l'orgasme n'est tout simplement pas une sensation normale, éventuellement sympa, mais montée en épingle par une bande d'excitées. Ou une revendication d'hommes que les "Ah ! Oh ! Oui ! Encore !" émis par les chattes en chaleur rassurent sur leur image de bêtes de sexe.

Comme après chaque « aveu » délicat, Sibylle, pour ne pas s'exposer plus longtemps, s'abrite derrière la provocation. C'est un stratagème courant. Je songe tout à coup à un patient qui m'avait affirmé la complète hystérie de sa voisine. Il plaignait le mari qui devait supporter les cris perturbants de leurs ébats. « Quel cinéma ! » J'avais imaginé une voisine alertant tout le quartier de l'agréable présence de son amant entre ses jambes (idée, je dois l'avouer, amusante et coquine), mais je dus me rendre à l'évidence : Pierre, seul, confronté à l'insomnie, effrayé par le silence pesant de la nuit, cherchait, l'oreille désespérément tendue, âme qui vive la même souffrance quand soudain, de l'autre côté du mur, à la tête de son lit, des gémissements et quelques cris trahissaient le tempo d'un coït. Sa femme, Dieu merci, ne mangeait pas de ce pain-là. Son assurance toutefois était trahie par une intonation curieusement interrogative. Par le biais du déni, Sibylle, comme Pierre, exprime une préoccupation qui devient progressivement le sujet central de nos séances. La jouissance : comment ? pour quoi ? pour qui ?

– Ce que j'aime, commence un jour Sibylle, c'est faire la preuve de mon amour... Le reste... Suis-je obligée de le vivre ?

– Obligée ?

– Ai-je intérêt à jouir ?

– Qu'entendez-vous par "intérêt" ? Un intérêt pour vous ? Pour Fabrice ? Ou pour plaire et convenir aujourd'hui à un autre ?

Sibylle force son attention sur ce qui lui paraît totalement incongru : trouver un possible avantage personnel à la jouissance.

– Faire l'amour, c'est servir le couple et non son désir personnel. D'ailleurs, c'est de Fabrice dont j'avais envie. Ce n'était pas une envie sexuelle pour une envie sexuelle.

Elle poursuit :

– J'identifie mal la nature de mon désir pour Fabrice... Au début de notre relation, bien sûr, j'avais envie de lui. Mais très vite le moteur de notre sexualité a été l'envie de former un couple, puis de faire un enfant... Quand je pense qu'il m'a quittée alors qu'on essayait de faire un bébé par insémination ! Comme si c'était une partie de plaisir ! Quand il est parti, on n'avait même pas le résultat de la dernière tentative. J'ai cru que c'était une "blague", une façon de m'alerter. Notre relation était un peu difficile. J'ai mis ça sur le compte de son découragement, de sa crainte d'un autre résultat négatif. Je me souviens de lui avoir dit : “Mais minou, ne te fais pas de soucis, nous allons l'avoir, ce bébé... Et si ce n'est pas cette fois, ce sera la prochaine. Ne t'inquiète pas, je ferai toutes les tentatives qu'il faudra. Le principal, c'est qu'on s'aime !” Il restait muet, comme d'habitude.

Elle se tait.

– Voilà Fabrice : le roi de la fuite !...

Nouveau silence.

– “Dis-moi ce que tu veux, je le ferai... Si on partait en amoureux pour nous changer les idées ? Tous les deux, hein ?” Il est resté silencieux. “Que se passe-t-il ? Parle, dis-moi quelque chose !” Rien. Rien de rien. Je ne supporte pas qu'il se taise. Il le sait. Je suis sûre qu'il le fait exprès. Tout à coup, il a daigné articuler trois mots : “Je te quitte, tu ne comprends pas ?” Bon, ça fait sept. Même si le chiffre est noble, c'est un peu court. Non, je n'ai pas compris ! s'emporte-t-elle soudainement. Et je ne comprends toujours pas ! Qu'y a-t-il à comprendre ? On ne quitte pas une femme, avec qui on a vécu trois ans, sur sept mots ! On formait un beau couple. On s'entendait bien... Il n'est quand même pas parti pour le cul ?

J'étais frappée par la manière dont Sibylle se racontait. Tout, dans son discours, disait le besoin d'une relation fusionnelle qui n'existait pas. L'autre était son désir, son projet, son bien-être. Comment aurait-elle pu, dès lors, entendre les désirs de sa chair et les frémissements de sa vulve ? Même dans sa vie professionnelle, il n'était pas question d'éveiller la moindre ambition. Elle était assistante de direction dans une PME, sans s'y plaire, s'y ennuyant parfois même « à mourir ». Mais changer et évoluer lui aurait demandé d'être à l'écoute d'elle-même. Aussi faisait-elle le choix, à 33 ans, de laisser la vie suivre son cours. Un choix qui aurait tout son sens si sa vivacité d'esprit, son humour et son goût du spectacle ne s'y opposaient.

Mis en lumière, ce désir de fusion va, durant de nombreuses séances, l'arrêter et... la conduire à quelques ruades. La femme en devenir, qui cherche son assurance et sa richesse personnelle, se heurte à la petite fille d'antan qui craint le renoncement aux premiers repères amoureux dont celui, ainsi qu'elle allait en témoigner, établi dans sa plus tendre enfance à l'égard de sa mère. Une relation d'une si grande complicité que, bien souvent, elle prenait des allures de dépendance. Le renoncement de Sibylle est d'autant plus douloureux que sa mère a été emportée par une leucémie foudroyante alors qu'elle était adolescente. Cette lourde perte a figé leur mode relationnel. Contre la perte ou la rupture, Sibylle se défend par la dépendance et le rêve de fusion. Séance après séance, nous avons levé le voile sur les rouages de ce fonctionnement, et notamment sur le besoin urgent, après deux garçons, que sa maman avait eu d'une petite fille, dont la venue avait enfin flatté ses projets et apaisé ses craintes de femme. Pour Sibylle, toute mise à distance était comprise comme un danger pour sa mère, qu'elle comblait de sa présence, et donc pour elle-même. Les peurs de l'une devenaient insidieusement les peurs de l'autre, que la fusion seule permettait de juguler. Fort heureusement, son père et, dans son sillage, l'école, atténuant le charme de cette relation idéalisée, avaient joué leur rôle de trouble-fête. C'est sur cette expérience que j'allais m'appuyer pour aider Sibylle à s'individualiser.

Les découvertes de Sibylle retracent les étapes d'une étrange quête amoureuse. Trouver cet autre unique, cet autre fait pour nous et nous seul(e), cet autre objet du désir né du manque, cet autre à séduire pour être assuré(e) d'être comblé(e) en retour, et dès lors tranquillisé(e). Drôle d'amour en vérité que celui dont le moteur est l'insécurité et la peur du vide ! Cet amour qui dit : « Je suis en manque » peut-il être heureux, dès lors que le manque est douloureux et qu'être comblé(e) en éteint le désir ? Difficile pourtant d'y échapper, au moins dans un premier temps, car les prémices de l'amour convoquent toujours le premier schéma relationnel, celui qui attache l'individu au premier des « autres » à venir : la mère.

Toutes les émissions, radiophoniques ou télévisées, tous les articles de la presse féminine ou masculine, toutes les conversations de salon planchant sur la récurrente question de l'effacement du désir après quelques années de vie commune me reviennent à l'esprit. La coupable : la routine. Les solutions : la résignation, l'adultère ou la surenchère (oser s'encanailler, essayer toutes sortes de stimulants). Toutes offrent l'idée d'un remède sans chercher la cause et accréditent la thèse selon laquelle, dès lors qu'un couple comptabilise plus de trois ans de vie commune, la chute du désir est inévitable et solvable uniquement dans la fuite en avant. S'il est vrai qu'il n'est pas simple de prendre en compte le réel (réalité de l'autre, qui ne peut être éternellement niée, des contraintes de la vie conjugale et/ou familiale qui obligent çà et là au renoncement à certaines satisfactions d'ordre personnel), reste que la routine, qui a mauvaise presse, est signe aussi d'une tranquillité enfin acquise par l'un et l'autre des partenaires.

Alors que la rencontre amoureuse est un risque où l'on se met en scène, un jeu de pouvoir réciproque dont l'objectif est de plaire, d'attacher à soi afin de se rassurer, ou un but qui donne des ailes, la routine est le cadre du compromis trouvé. Unis, rassurés quant au lien créé, l'homme et la femme peuvent, dans l'habitude, oser l'émergence d'eux-mêmes et, bien sûr, servir au mieux leur sexualité. Fi donc de la routine et de ses pieds de plomb ! Toute notre évolution s'organise autour de la routine. La vie du nourrisson est réglée comme du papier à musique : tétées, rots, pipis, cacas, dodos, câlins, jeux, dans une alternance et une répétition rassurantes. Fort de cette sécurité, à laquelle participent ses parents par leur bienveillance, l'enfant se construit. Peu à peu, il s'autorise l'exploration d'autres schémas et la découverte d'autres modèles qui, en retour, viennent enrichir sa relation à sa mère et à son père. La routine est un repère qui protège et amortit les inquiétudes de l'imprévu. L'imprévu, en matière amoureuse, étant naturellement cet autre vers lequel nous porte notre désir.

Selon la nature de la relation établie avec les parents, la routine offre donc un cadre pour construire son assurance ou, au contraire, mettre en place un mécanisme de défense pour vaincre ou apaiser l'angoisse. Des parents perçus comme rassurants (dans leur présence, leur confiance en les capacités de leur enfant) offrent un espace de liberté ; un espace dont les règles connues posent la place, les limites et le rôle de chacun ; un espace de rencontre avec l'autre ; un espace qui ne craint pas l'extérieur, mais s'en nourrit ; un espace qui promet la stabilité de la relation et permet alors le don de soi. Des parents perçus, à tort ou à raison, comme inquiets, absents, dépendants ou dévalorisants n'inciteront pas l'enfant à l'épanouissement. Empêtré dans des peurs d'abandon nées de son imaginaire, dans la peur des autres et de lui-même, cet enfant « sclérosé » se replie sur l'acquis et les certitudes, autant de freins qui l'empêchent de progresser dans la découverte et l'exercice de ses capacités. Adulte, cet enfant recherchera un partenaire pour le rassurer et, souvent, l'endormir.

L'institution du mariage date d'une époque où l'espérance de vie n'atteignait guère plus de trente ans et offrait au couple quinze ans de vie commune et autant d'années de fertilité, fondatrices pour l'essentiel du projet commun. Les temps ont changé, laissant de plus en plus de place à la quête, à la multitude des projets, à l'épanouissement personnel et à l'idée du plaisir. Plus que le temps qui passe, serait-ce le temps qui dure qui éprouve la vie à deux ? La routine fait ses gros titres sur le temps, qui fanerait l'amour par son unique passage, et elle inquiète. Or, si le cadre qu'elle propose se confond trop facilement, trop souvent, avec une prison, c'est parce que, d'abord, on accepte de s'y laisser enfermer. Dans la peur de voir l'amour des premiers jours s'étioler, l'homme et la femme s'accrochent à leur construction commune faite de rituels, qu'ils rigidifient à mesure que monte la crainte.

Notre conception *fusionnelle* de l'amour n'est-elle pas aussi à l'origine de la soudaine pauvreté sexuelle du couple ? « Ils ne comprennent rien, j'ai besoin de lui, je ne peux rien faire sans lui. Je vais en crever, mon ventre le désire ! » me disait Camille, une adolescente de 17 ans, recroquevillée dans un coin du fauteuil, débordée par une crise de larmes. Ses parents avaient choisi de lui faire suivre des études qui l'éloignaient de son petit ami. Sa vie basculait dans le chaos. Voilà bien l'intensité passionnelle que nous cherchons tous. Cet élan qui agite le corps, accélère intensément le rythme cardiaque et gèle la cohérence de la pensée. Perdre ses moyens avec délice, espérant que l'autre nous excuse et nous répare par sa présence et son amour. Se sentir tout pour quelqu'un d'autre, quand l'autre est devenu tout pour soi. Si, dans cet élan passionné, l'autre peut, en effet, être le moteur d'un dépassement de soi, une invitation à la découverte de ses capacités, une reconnaissance et une liberté d'être, il est capable, plus facilement encore, de provoquer l'abandon de soi-même au sens mortifère, le renoncement à la poursuite de sa construction personnelle au quotidien. Du désir de fusion naît la confusion qui interdit la rencontre et l'émerveillement. Le coup de foudre n'est-il pas une illusion savamment entretenue par une abondante littérature ? Comment peut-il résister aux chaussettes sales, aux réveils des enfants à une, trois, six heures du matin, au rythme, bien réel celui-là, du métro-boulot-dodo ? Il faut alors une sacrée dose de désir pour avoir envie de faire l'amour – et de jouir – dans tous les sens et à toutes les heures du jour et de la nuit ! Cette autre chimère a la vie dure, elle aussi. L'épanouissement sexuel ne passe pas par une activité forcément débridée qui n'aurait d'autre liberté que sans rime ni raison. Pour faire l'amour, il faut en éprouver le désir.

Emeline, venue pour réveiller son désir, justement, et accéder au plaisir, conclut soudain au terme de quelques séances : « À notre premier rendez-vous, je voulais retrouver un désir plus vif pour mon mari. Je voulais aussi jouir, pour moi bien sûr, mais surtout pour lui, pour lui en faire cadeau, pour être sûre d'avoir en moi ce qu'un homme peut espérer d'une femme. Aujourd'hui, je réalise que je dois m'intéresser à la femme que je suis, et cela me fait peur. Avant, j'avais peur de ne rien découvrir. Aujourd'hui, j'ai peur de me sentir bien sans lui... et, peut-être même, libre de désirer un autre homme. »

Comme Sibylle et tant d'autres, Emeline avait exprimé la difficulté qu'elle avait eue, enfant, à oser s'éloigner du giron maternel. L'angoisse de perdre cette formidable source de réconfort l'avait accompagnée jusqu'à son adolescence. Elle imaginait son désir d'autonomie comme une violence faite à sa mère. La trahison et l'infidélité qu'elle y entendait lui interdisaient de développer tranquillement ses repères personnels. Sa vie de couple – son mari poursuivant les mêmes objectifs et y trouvant la sécurité et l'assurance de sa position « dominante » – était conforme à cette image fusionnelle. Comment auraient-ils pu s'autoriser le plaisir du jeu, la créativité des corps, la liberté du don de soi, qui sont autant de façons de révéler sa richesse intime et ce que l'on a acquis en dehors de l'autre ?

Voilà peut-être où se situe l'amour dans son expression mature : non plus deux êtres unis dans la douleur de l'insécurité et le besoin de l'autre pour combler le manque, mais deux êtres autonomes, unis dans la reconnaissance de leurs richesses personnelles pour les offrir à l'émerveillement et au partage de l'autre. Aimer, c'est jouir et se réjouir que l'autre soit autre que soi. Mais encore faut-il s'accorder à soi-même quelque crédit...

Me reviennent les mots d'une petite fille, que j'ai surpris par mes fenêtres entrouvertes. Un homme, qui devait être le père, rencontre sur le trottoir l'un de ses amis. Ils prennent le temps de bavarder quand une petite voix lance sur un ton sautillant : « Eh bien moi, je suis sur un petit nuage ! » Les hommes ne s'interrompent pas. « Je suis sur un petit nuage rose ! » La réaction tardant à venir, la petite fille s'impatiente : « Parce que je suis amoureuse ! » L'homme rencontré lance un « au revoir » et s'apprête à tourner les talons quand l'enfant se plante devant lui : « Je suis amoureuse ! reprend-elle, obstinée. – C'est bien ! » lui rétorque-t-il avant de tenter : « Et lui, il t'aime ? – Je ne sais pas, mais je m'en moque. Moi, je suis amoureuse ! » répond joyeusement le petit bout de femme. Aime-t-on pour être aimé en retour ou pour s'émerveiller de sa capacité personnelle à l'amour et l'offrir à l'occasion d'une rencontre ?

Sibylle s'approprie sa vie et goûte elle aussi au charme de ses possibilités. Fabrice a cessé d'envahir ses rêveries. Paris lui paraît plus paisible. Elle a même oublié l'homme idéal et sa silhouette méditerranéenne au volant d'un 4X4 tardant à surgir du coin de la rue. Une diversité de personnages et d'attitudes attise sa curiosité. J'ai en face de moi une jeune femme de 33 ans qui ose chaque jour un peu plus le bonheur d'être elle-même.

– Il m'est arrivé quelque chose d'étonnant, dimanche : pour la première fois, j'ai compris ce que signifie l'expression "bien dans sa peau". Mal dans ma peau, je connais. Quand ça va, je suis bien tout court. Mais là, c'était vraiment dans *ma* peau que j'étais bien... J'étais en train de préparer une machine. Sans réfléchir, je me déshabille pour y ajouter les vêtements que je portais. Toute nue, je me suis mise à faire le ménage. C'était génial ! C'est stupide, mais quand je me suis affalée dans le canapé, j'ai ressenti du désir dans mon ventre, risque-t-elle en rougissant.

– Parlez-moi de cette sensation.

– C'était là, comme si mon ventre prenait une respiration profonde. J'étais heureuse...

Sibylle a enfin un sexe. Elle en découvre l'appel, et non la seule expression d'un manque.

– Avant, le sexe était une obligation, un truc encombrant, une manière de m'attacher à l'autre ou, pour être plus juste, de l'attacher à moi... Je crois que je suis surtout passée à côté... à côté de moi ! Je me sens apaisée et libre d'aborder ce sujet, verbalement et physiquement, et pourtant, il m'inquiète encore. J'ai l'impression d'être une jeune fille en marche vers son dépucelage. Comme si j'allais faire l'amour pour la première fois et que je n'étais pas sûre de savoir le faire...

– Pourquoi ne sauriez-vous pas ? Et quand bien même, cette insécurité n'est-elle pas délicieuse ?

– Oui, bien sûr, mais j'ai toujours été un peu coincée. J'ai peur de donner une image de moi déplacée, sale, vulgaire.

Tiens, la vulgarité...

– J'ai changé, mais je ne sais pas très bien quelles sont les limites que je dois franchir ni celles que je veux poser. Ce qui se fait et ce qui ne se fait pas. Je me suis toujours moquée des positions, par exemple. Pour moi, il n'y en a qu'une. Les autres, c'est du cinéma, pornographique même. La sexualité, ce n'est pas de la gym ! C'est pour s'unir. Pourquoi le faire dans un sens, puis dans l'autre ?

– À votre avis ?

– C'est une question de fantasme ?

– La sexualité n'est donc pas seulement une technique pour unir les corps ?

– Je n'ai pas envie d'être l'objet des fantasmes de l'autre.

– Pensez-vous que l'autre ne soit pas l'objet des vôtres ?

Elle reste interdite.

– Pensez-vous que la position que vous pratiquez est exempte de fantasme ?

Toujours à sa réflexion.

– De laquelle s'agit-il, d'ailleurs ?

– Je ne me souviens plus de son nom... C'est... la plus classique...

Je ne sourcille pas, bien que j'imagine qu'elle fasse allusion à la position du missionnaire. En d'autres temps, elle n'aurait pas hésité à « parler cul », pour reprendre une expression dont elle se servait volontiers au cours de nos premières séances. Mais, aujourd'hui, elle peine à mettre des mots sur une sexualité qui la concerne. Quelques longues secondes s'écoulent et je la sens qui attend de moi l'autorisation qu'elle se refuse. Elle renonce à sa position active. Nos séances passées m'encouragent à ne pas entrer dans son jeu. Je garde le silence.

– La plus classique, tente-t-elle à nouveau.

– Mais je ne sais pas quelle est celle que vous trouvez la plus classique.

– La plus simple !

– Je ne suis pas sûre non plus que nous ayons la même notion de la simplicité.

Il lui reste encore à avancer l'idée de « la plus confortable », selon certaines femmes, mais elle m'en fait grâce. Elle regarde ses longues mains fines.

– Là, c'est moi, et là, c'est l'homme, mime-t-elle.

– Et où sont vos visages ? insistais-je alors qu'elle tentait de sortir de l'impasse.

– Eh bien, face à face !

– C'est donc la position du missionnaire.

Je la vois se détendre. L'épreuve est surmontée.

– Les sondages disent que c'est la plus pratiquée en France, de là à dire que c'est la plus simple... Qu'entendez-vous d'ailleurs par “simple” ? Techniquement facile ? Pratique ? Confortable ? Rendant l'orgasme plus accessible ? Permettant une meilleure maîtrise de l'éjaculation ? Répondant simultanément aux fantasmes féminins et masculins ?

Sibylle me regarde, dépassée par mes questions.

– Ou la plus simple à s'autoriser ? La plus simple à assumer ?

– Oui, je crois que cette position est bien la seule que je peux assumer. Je ne sais pas pourquoi, d'ailleurs... Peut-être parce qu'elle est moins mise en scène... parce qu'elle m'expose moins.

Pendant que Sibylle, pour la première fois, réfléchit à l'acte sexuel, les mots des unes et des autres me reviennent en mémoire. Une somme de « j'aime » et « j'aime pas » qui illustrent leur regard sur elles-mêmes, leur quête, leurs craintes et le mode relationnel recherché ou entretenu. Curieusement, les préférences évoquent moins la recherche du plaisir que celle de la protection. Ainsi, quand la position du missionnaire trouve grâce à leurs yeux – à l'exception des variantes, et notamment celle des jambes collées aux oreilles, très unanimement rejetée ! –, toute autre position permettant une profondeur de pénétration leur fait craindre douleur ou perte de contrôle. Certaines pratiques pourtant courantes, comme la femme à califourchon sur son partenaire, parce qu'elles les placent en position clairement active les dévoilent trop sexuelles, beaucoup plus qu'elles ne peuvent l'assumer. « Je ne supporte pas qu'il soit derrière moi, c'est animal ! » me dit Sonia. « Par derrière, c'est impossible ! Ça me fait mal ! » dit à son tour Astrid. « Sur lui ? Et me montrer toute nue ? » s'interroge Valérie. « Mais une fois que je suis sur lui, je ne sais plus quoi faire », intervient à son tour Irina. « Je déteste qu'il me coince et maintienne mes jambes écartées », ajoute Solange. « Quand il est sur moi, il m'écrase de tout son poids, et je ne me sens plus libre », confie Virginie. « Sur le côté, face à face, le frottement de son sexe m'irrite », explique Véronique. « Oh, sur le côté, de dos, je ne me sens pas tranquille », avoue Nathalie.

Loin du jeu physique et fantasmatique, loin de la liberté des corps, loin aussi de la curiosité des zones sexuelles à explorer, elles expriment toutes un désir qui retient toute mon attention et mon respect : celui de se protéger de leurs peurs et notamment de celle inspirée par l'autre, pénétrant. Ce qu'elles ne mesurent pas encore, c'est que ce désir de protection les raidit au lieu de leur donner l'ouverture, le rythme, la bascule du bassin, la contraction et la décontraction vaginale qui donnent à chacune des positions sexuelles sa cohérence et en fait l'occasion d'une rencontre.

– La position du missionnaire me permettait de voir Fabrice me désirer et prendre son plaisir sans que j'aie à y participer, reprend Sibylle. Je le regardais s'occuper de notre couple... C'est horrible de dire une chose pareille. Comme si je n'existais pas "moi", mais seulement "nous"... J'ai même l'impression que notre désir d'enfant ne venait pas de moi. Je ne m'étonne plus que Fabrice soit parti !

Absorbée par son besoin de fusion, Sibylle niait son identité. La mise à distance de Fabrice, illustrée par une stérilité sans explication physiologique, son absence de désir, de plaisir sexuel, sa passivité pendant l'acte sexuel se lisent comme autant de stratagèmes pour se protéger d'une position active dont elle craignait les effets destructeurs. Or la sexualité, comme l'amour, ne s'épanouit pas dans la fusion mais s'y éteint. La sexualité est une confrontation relationnelle, temporelle, fantasmatique, physique, constamment renouvelée et qui nécessite, chaque fois, que chacun y soit activement partie prenante.

– Je dois renoncer à vivre par l'autre ou pour le projet de l'autre et découvrir ce que je suis et ce dont je suis capable. Pourquoi ai-je tellement peur ? s'énerve-t-elle. Il faut que je me bouge les fesses !

L'image tombe à pic.

– Absolument ! Fini le légume, la petite fille effrayée, fini aussi la femme prisonnière de ses interdits ! Je veux être une femme, une femme sexuelle et tranquille de l'être. Par quoi je commence ? me lance-t-elle, déjà inquiète.

– Peut-être est-ce le moment de réfléchir à votre position active. Que voulez-vous savoir ? Que voulez-vous comprendre de vous-même ? Quel voile voulez-vous lever ?

Après le départ de Sibylle, je songe à toutes ces patientes qui réussissent à sortir de leur coquille. Leurs questions en rafales, auxquelles je n'ai aucune réponse, témoignent au moins de leur audace. Elles ne sont plus dupes : le désir leur appartient, à elles de s'en emparer, de s'en offrir la jouissance sans craindre, étant actives, d'être menaçantes. Pourvu qu'elles trouvent alors celui qui, animé des mêmes désirs, saura partager avec elles les délices toujours promis du sexe. Je me rassure en les voyant partir : leur liste de questions en main, comme une liste de courses griffonnée sur la facture du jour, les voilà qui se mettent enfin en route.

Pour conclure

Désirer sans entraves

Accéder au plaisir n'est pas aussi facile que les magazines ont tendance à le faire croire. Entre l'inquiétante obscurité du continent qualifié de « noir » par Freud et la clarté volontairement – faussement– triomphante des discours actuels, entre l'inconnu et le révélé, les fantasmes et le désir, la peur et le plaisir, les pièges sont nombreux. Les femmes ne découvrent pas leur sexualité le jour de la pénétration. Un espace en elle, oui, peut-être est vierge, mais uniquement dans le sens où il n'a pas été visité par un sexe d'homme. Voilà à quoi se réduit la virginité des femmes. Elles le savent. Entre ce qu'elles vivent et ce qu'elles espèrent, ce qu'elles lisent et ce qu'elles ont compris d'elles-mêmes, ce qu'elles disent et ce qu'elles taisent : un gouffre. Qu'il importe de réduire. Les fantasmes à l'œuvre dans la sexualité ne sont que des fantasmes. Mais ils sont agissants. Ils en sont même les moteurs. C'est eux, et notre capacité à en jouer (en jouir), qui font la richesse de la vie sexuelle. D'où l'importance de les comprendre pour ne pas s'en rendre esclave. Les difficultés de Charlotte ou d'Ève, par exemple, ne se résument pas à la mort ou la disparition d'un père dont leur mère s'est attachée à effacer le souvenir. Sur cet événement, une structure psychique s'est construite, mais elle s'est nourrie de bien d'autres faits. Identifiée, cette construction demeure. Comprise, elle perd de son pouvoir et permet le recul nécessaire à l'expression du désir. La thérapie, bien sûr, ouvre les portes de la compréhension. Elle n'est pas la seule. La sexualité ne se donne pas en pâture. À chacune son mode de conquête. Dans mon cabinet, je respecte la pudeur. Et à chacune, lorsqu'elle fait cette démarche, d'exiger de son thérapeute ce respect[1].

Si les femmes, mues par le désir d'évoluer, s'en offrent individuellement la possibilité, il leur reste encore à vaincre le regard social posé sur la sexualité. En dehors de notre système marchand qui nous leurre par la mise en scène de représentations fantasmatiques sclérosantes (je songe bien sûr en particulier à la publicité, à la presse féminine, mais aussi aux grosses productions cinématographiques dont les ficelles manquent bien souvent de finesse), le système social ne leur laisse pas beaucoup le loisir d'exprimer – et de vivre – une sexualité épanouie. Orgasmer par exemple leur est interdit : ce verbe n'existe pas. Quand les hommes, disposant d'un verbe actif, éjaculent, les femmes « ont », « vivent » ou « éprouvent » un orgasme. Les femmes étant sexuellement aussi actives que les hommes, je propose l'ajout au dictionnaire du verbe orgasmer afin que les femmes qui orgasment ne soient plus, quand elles le font, dans la faute (de langage, mais tout de même !), mais dans l'action. Il me semble toutefois important de comprendre

1. Cette notion, j'insiste, est essentielle. Le thérapeute, quel qu'il soit, n'apporte pas de solution. Il ne détient aucune vérité, tout au plus permet-il à ses patient(e)s de découvrir la leur. À cet égard, tout comportement intrusif doit être identifié comme tel et expressément refusé.

que ce discours social ne nous est pas imposé. Nous le créons. L'opposition sexuelle est une réalité, les femmes ne sont pas des hommes et inversement, mais en déduire qu'elle justifie les stéréotypes sexuels, qu'elle conduit à l'affrontement, ou pire qu'elle légitime l'inégalité des sexes, est une aberration. Aujourd'hui, croyant faire œuvre de progrès, tandis que les femmes se « masculinisent » les hommes se trouvent « féminisés ». Si les femmes ont tout à gagner à la paix des hommes, et les hommes à celle des femmes, hommes et femmes, ensemble, ont tout à gagner dans leur libération commune. Plus le partenaire est fort et puissant, tranquille dans son identité sexuelle, plus on s'offre la possibilité d'accéder à son propre désir et la liberté d'en jouir. Or aujourd'hui, si l'on estime que la publicité est le reflet d'une société, que voit-on ? Soit une mise en scène des corps frisant la pornographie, soit des corps curieusement androgynes. Où est la liberté ? On parle beaucoup du voile musulman posé sur les femmes. Que penser de ce voile rapté à une tradition religieuse pour en faire le signe d'une oppression sexuelle à l'encontre des femmes autant qu'à l'encontre des hommes, renvoyés les uns et les autres à la sauvagerie d'une sexualité qu'ils seraient autrement incapables d'assumer, donc à leur animalité, niant du même coup ce qui les fait précisément humains. Où est la civilisation ? Qui dit que celles qui le portent et le revendiquent en France sont des adolescentes en proie justement à l'éveil de leur sexualité et aux angoisses qu'elle génère ? Que penser de ces lolitas qui laissent dépasser leur string de la taille de leur jean, moulant leurs seins naissants dans des tee-shirts réduits à leur plus simple expression. Ce que les unes tentent d'effacer dans le déni, les autres le tentent dans la provocation.

Voilées, dévoilées, ces jeunes femmes ne posent-elles pas la question du désir dans notre société ? Ces attitudes, comme le discours qui invite les femmes à visiter les clubs échangistes, utiliser des sex-toys, maigrir, se muscler, jouir, ne sont que des stéréotypes. Encore une fois, ils ne nous sont pas imposés. Nous nous les imposons. Parce que la sexualité nous révèle, parce que nous craignons qu'elle nous mette en danger, il est plus « rassurant » de se projeter dans ce que nous croyons être les attentes de l'autre [1]. Mais parce qu'ils définissent du même coup un modèle qui ne nous correspond pas, des désirs qui ne sont pas les nôtres, alors, bien sûr, ces clichés font violence. Le risque aujourd'hui est grand d'aboutir à une société qui, de plus en plus agressée par un discours dans lequel elle ne se reconnaît pas, incapable de voir le sexe pour ce qu'il est, va le masquer, le traquer, l'accuser, versant dans une pruderie dont nous ferons chacun les frais.

Le désir est la prise de conscience d'un élan ; le plaisir, la satisfaction de cet élan ; la jouissance, la satisfaction que l'on goûte pleinement ; l'orgasme, le plus haut point du plaisir. Un crescendo qu'on ne s'accorde qu'après avoir vaincu l'indifférence, la peur, la répulsion, la douleur, la peine, la tristesse, l'ennui. Un crescendo qui s'achève sur un délicieux soupir. La sexualité est un rire. Contrairement à l'idée répandue qu'il suffirait d'actionner un mécanisme, accéder à l'orgasme n'est pas chose facile. Nos inhibitions, nos peurs demeurent. Car le sexe – la plus essentielle des pulsions de

1. Voilà qu'on évoque l'arrivée d'un nouveau venu sur le marché : la *Barbie's drug* (qui serait pour les femmes, paraît-il, « l'équivalent » du Viagra). Comment ne pas voir dans un nom pareil la projection grossière des fantasmes inconscients qui en sont à l'origine ?

vie – concentre toutes les craintes « animales » et symboliques. Le plaisir associé à l'exercice de la sexualité n'est finalement pas un hasard. Comment en effet, sans lui, les affronter ? Mais ces peurs sont essentielles. Et c'est tant mieux ! C'est bien parce que nous craignons le sexe que nous le réfléchissons ; que, le réfléchissant, nous le pensons et que, le pensant, nous réalisons cette mutation admirable : faire de la pulsion sexuelle une culture, l'outil même de notre évolution, donc de notre humanité. L'homme n'est pas une bête et sa sexualité ne peut se réduire à l'instinct qui l'anime. C'est précisément dans notre capacité à assumer, transformer, dépasser cette animalité irréductible en nous que résident notre liberté et notre dignité d'êtres humains. Tel est bien le sens – individuel et collectif – de l'évolution.

Oui, il me semble important de parler de sexualité, de comprendre combien elle régit nos comportements et les rigidifie parfois, de comprendre surtout combien elle nous permet, libérés de nos angoisses, d'accéder au meilleur de nous-mêmes. Oui, je salue les femmes qui, ne craignant pas de lever le voile, d'affronter leurs peurs, s'appliquent à comprendre d'abord en elles les mécanismes du désir. Nul doute qu'elles entreprennent cette démarche au nom de la plus noble des causes : celle de la liberté.

Ève, Emma, Charlotte, Lucie, Chantal, Aurélie, Jeanne, Sibylle se sont succédé dans mon cabinet. Certaines continuent de venir, d'autres sont parties, remplacées par de nouvelles. Je ne leur apporte pas de solution. Je les écoute, ouvrant des pistes qu'elles sont libres d'explorer ou non. Puis, un jour, elles se lèvent et partent. Je les regarde. Elles sont en marche. Je songe alors à cette si belle phrase prononcée par Charles Denner dans *L'Homme qui aimait les femmes* de Truffaut : « Les jambes des femmes sont des compas qui arpentent le monde. » À l'articulation de ce compas : leur sexe. Enfin nommé.

Comment refermer ce livre sans remercier mes patientes qui ont prêté quelques-uns de leurs maux et de leurs jolis mots, leurs sourires, leurs rebellions, leurs interrogations, leurs larmes, leurs gestuelles et leurs silences aux personnages de ce livre. Merci à elles de m'avoir offert, séance après séance, leur confiance et de s'être faites patientes.

Merci également à vous mes patients, hommes curieux et ambitieux qui avez osé l'aventure de la thérapie. Comment aurais-je pu parler des femmes sans y mêler votre présence, vos craintes et vos clins d'œil ?

Et merci enfin à vous, Nathalie Azoulai et Sophie Troubac, qui avez aimé un peu de ce que je suis et m'avez invitée au plaisir de la plume, encouragée et accompagnée quand je me faisais terriblement impatiente.

Composition réalisée par NORD COMPO à Villeneuve-d'Ascq

Achevé d'imprimer en novembre 2004,
Sur les presses de l'imprimerie Darantiere à Dijon
Dépôt légal : novembre 2004
ISBN : 2-84675-113-7
N° d'impression : 24-0992
Imprimé en France